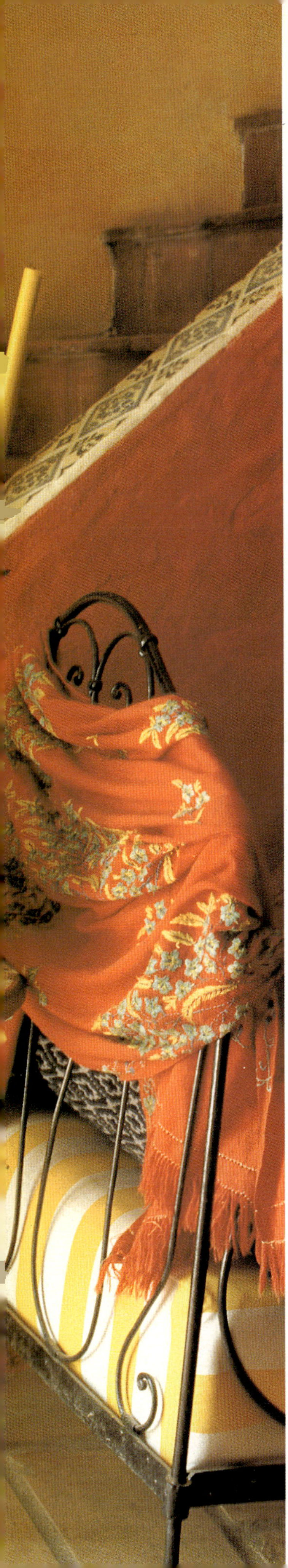

PEINTURES D'INTÉRIEUR

Liz Wagstaff

Dessain et Tolra

À ma mère et à Mark, ainsi qu'à chaque membre des deux familles pour leur amour et leur soutien

p. 1 : mur décoré de pochoirs dorés en damiers
pp. 2-3 : murs en faux plâtre jaune foncé et porte lilas vieillie
p. 4 : soubassement en faux marbre et applique peinte façon plomb
p. 5 : imitation de granite sur un pot en plastique

L'éditeur décline toute responsabilité relative aux blessures ou pertes qui pourraient survenir lors des procédures ou de l'utilisation des matériaux décrits dans cet ouvrage. Les matériaux, outils, compétences et lieux de travail varient considérablement et sont sous la responsabilité du lecteur. Suivez les instructions du fabricant et prenez les précautions appropriées.

Édition originale
Copyright © Texte 1995 Liz Wagstaff
Copyright © Maquette 1995
Quadrille Publishing Limited

Titre original : Paint recipe book

ISBN 1 899988 10 6

Édition française
Traduction Delphine Nègre
Coordination technique Muriel Joubert
Suivi éditorial Isabelle Macé et Corinne Booth
Correction Marie-Thérèse Lestelle
Direction éditoriale Catherine Franck-Dandres
Composition Joseph Dorly

ISBN 2-04-021750-9

Dépôt légal : février 2000

Imprimé en Italie par Mondadori Printing S.p.A. en février 2000.

SOMMAIRE

INTRODUCTION

À gauche : idylle toscane.
La commode peinte, la chaise jaune, le châssis et les volets vert pâle ont tous vieilli naturellement. Mais c'est un aspect que vous pourrez recréer en quelques jours lorsque vous aurez maîtrisé les techniques de patine. Un mariage judicieux des couleurs contribue également à l'effet général.

La peinture s'emploie depuis des siècles dans la décoration intérieure et se décline en une multitude d'effets et de finitions qui ne partagent avec la peinture unie qu'un vague lien de parenté.

La plupart des effets que l'on qualifie aujourd'hui de traditionnels tirent leur origine des grandes demeures aristocratiques, dont s'inspirèrent les classes bourgeoises désireuses de profiter des splendeurs de la décoration. La transformation, l'illusion, voire la véritable tromperie, formaient souvent le principe directeur, qu'il s'agisse d'un effet de pierre brute, de marbre luxueux ou de riches dorures. Dès le XIVe siècle, par exemple, l'art de la dorure – qui consiste à appliquer de fines pellicules d'or sur des surfaces de bois ou de plâtre – devint un moyen très prisé d'imiter la décoration en or véritable que seules les familles les plus aisées pouvaient s'offrir. De même, le goût de l'imitation du marbre se développa au cours de la Renaissance en France et en Italie, bien qu'à l'époque les techniques de marbrage fussent particulièrement sophistiquées, produisant parfois des couleurs fantaisistes très éloignées des gris, roses et jaunes que nous connaissons.

L'ouverture de la route de la soie, reliant la Chine à l'Europe, joua également un rôle considérable dans l'histoire de la peinture décorative. Des articles décorés d'incrustations de coquillage furent introduits en Europe et, dès le XVIe siècle, les artisans italiens découvrirent un moyen de reproduire cette technique à l'aide d'étain. Au cours des deux siècles qui suivirent, les artistes français, néerlandais et allemands utilisèrent les mêmes méthodes pour produire de superbes meubles et objets d'art. Les incrustations d'écaille, en particulier, connurent un tel succès que la demande eut vite fait d'excéder l'offre et qu'il fallut développer une technique d'imitation qui connut son apogée à la fin du XVIIe siècle.

Le XVIIIe siècle vit également l'émergence d'une nouvelle tendance qui cherchait à reproduire l'aspect de la pierre à l'intérieur des maisons. Au début, on l'employa sur de vastes surfaces ou des éléments architecturaux ; plus tard, elle fut réservée à des décorations et des objets plus modestes.

Nombre de finitions sur bois ont aussi vu le jour dans les demeures anciennes. Les imitations d'essences exotiques, par exemple, peintes sur un bois ordinaire, permettaient d'apprécier la beauté et l'élégance du bois sans se soucier de son coût. De même, on trouva des moyens d'imiter la laque, si rare et onéreuse.

Les grandes résidences d'aujourd'hui conservent certes maints exemples de décoration traditionnelle, mais l'on trouve tout autant de merveilleux effets dans les bâtiments publics et les habitations du monde entier. En effet, parallèlement à toute grande tradition, fleurit toujours l'héritage vivant, quoique moins grandiose, du style folklorique et populaire, comme on le verra ici dans la froide palette gris bleuté des intérieurs traditionnels scandinaves, les bleus éblouissants, les roses tendres et les ocres chaleureuses de la Méditerranée, ou encore dans les teintes sobres du style Shaker américain. Ces styles et finitions sont fermement enracinés dans les rudes réalités climatiques et socio-économiques d'une région particulière, et perpétués au cours des siècles par des populations pour lesquelles le concept de style est souvent, et à juste titre, dépourvu de signification.

Certaines des peintures décoratives actuelles ont une histoire plus récente qui, à l'image des styles traditionnels, est profondément ancrée dans le désir de transformer ou d'imiter les matériaux. Parmi elles figurent les techniques utilisées pour fabriquer les décors de théâtre. La « coupe de pierre », par exemple, est souvent employée pour simuler des murs de châteaux et l'on peut faire appel aux techniques de patine pour transformer de modestes chandeliers en chefs-d'œuvre rococo, ou, par un effet de cuir, créer une toile de fond

Ci-dessous : située dans le Sussex, la ferme Charleston où vivaient les artistes Vanessa Bell et Duncan Grant dans les années 20, accueillait régulièrement le « Bloomsbury Group ». Ensemble, ils réalisèrent la décoration unique de la maison, qui influence encore les créateurs d'aujourd'hui. Pratiquement chaque recoin de cette petite chambre a été travaillé.

gothique à un opéra de Puccini. Si vous disposez d'un budget limité et de délais draconiens, les techniques issues de la peinture de scène offriront l'avantage d'être économiques, simples et rapides d'exécution.

La plupart des matériaux d'autrefois existent toujours et les experts affectés à la restauration des monuments anciens ou du mobilier d'époque emploient encore le matériel et les techniques d'antan. Toutefois, pour les intérieurs moins somptueux, les substituts modernes, avec des résultats plus rapides, des produits moins toxiques et une plus grande gamme de couleurs, constituent souvent une solution très alléchante. Vous pouvez, par exemple, décorer toute une pièce de lapis-lazuli, pour un prix sans commune mesure avec celui que Catherine la Grande dut payer pour refaire la salle de bal de son palais de Saint-Pétersbourg avec de la pierre véritable...

À gauche : les tons vert menthe de cette chambre provençale ont été obtenus grâce à une imitation de plâtre, similaire à celle de la page 84. Des pigments en poudre presque purs donnent cette forte couleur, adoucie par la frise simple, peinte à la main, parfaite transition entre la vivacité du mur et l'uniformité du plafond.

La peinture des murs a toujours dépassé les simples impératifs de l'esthétique. Depuis les temps préhistoriques, où l'on ornait les parois des grottes de scènes de chasse, la peinture rupestre sert de support aux rites et symboles religieux. Dans nombre de cultures, les pigments et les peintures étaient jadis considérés comme des dons sacrés de la Terre, et apparaissaient, lors des cérémonies et des fêtes, sur les bâtiments, les vêtements et le corps humain.

À droite : de superbes fresques du XVIe siècle ornent les murs de la salle à manger d'une villa ombrienne à Pérouse. Notez l'élégant effet de plissé ; c'est un bon exemple de finition conçue pour simuler l'étoffe.

De nombreuses civilisations anciennes peignaient l'intérieur et l'extérieur des maisons, temples et édifices officiels. Le Parthénon à Athènes était orné de bleus et de rouges éclatants, soulignées d'or et de noir, dont il ne reste aujourd'hui que peu de traces. Mais avec un peu d'imagination, l'austérité des colonnes et des architraves classiques s'efface pour que renaisse la véritable splendeur du monument. La maison des Mystères à Pompéi était peinte de couleurs appliquées sur du plâtre humide, selon une technique de fresque dont la beauté s'est conservée dans la cendre pendant plus de 1 600 ans. À une époque moins lointaine, au Moyen Âge en Italie, les marchands commandaient aux artistes des peintures murales imitant les riches étoffes orientales. L'art délicat du lissage fut développé en France, au XVIIIe siècle, par ceux qui avaient plus de goût que de fortune et souhaitaient parer leurs murs d'une élégante imitation de soie.

Vous pourrez trouver l'inspiration aussi bien dans les fresques italiennes médiévales que dans les motifs fonctionnels de l'école

Ci-dessus : un léger glacis a été posé sur les murs de cette pièce, où trône un poêle à bois en céramique. Les tons vert-gris s'inspirent de la palette scandinave (p. 131).

À droite : cet intérieur allemand était très en avance sur son temps. Conçue en 1750 par un riche fermier, la décoration repose sur des peintures à la caséine qui donnent ce coloris mat typique des intérieurs Shaker (p. 134). Aucune partie de la maison n'a été repeinte depuis 180 ans.

À gauche : appliquée avec adresse, la peinture vieillie sur bois (p. 129) a beaucoup de charme. Ici, les tons scandinaves vert-gris sur la terre cuite donnent à la pièce une authenticité rustique qui s'accorde parfaitement avec les objets présentés.

allemande du Bauhaus. Les livres d'art et de motifs vous donneront mille et une idées, ainsi que les anciens manuels de technique de peinture, où l'on découvre les subtilités de l'enduit à base de colle de fromage ou de peau de mouton raclée que l'on employait jadis.

Les références historiques peuvent aussi vous aider dans le choix des couleurs. L'utilisation d'éléments issus d'œuvres de grands artistes, par exemple, conférera une atmosphère particulière à votre maison. Les bleus des fresques de Giotto ou les riches et sombres couleurs des marchands de Holbein sont autant de choix intéressants, et les possibilités sont infinies.

Les recettes de peinture présentées dans cet ouvrage feront beaucoup plus que changer la couleur d'une pièce. Nous savons tous que les bleus froids et les rouges chauds transforment l'ambiance d'un lieu, mais en élargissant cette notion et en employant les couleurs à bon escient, rien ne vous empêche de vous laisser séduire par l'exotisme. Quoi de plus méditerranéen qu'un bleu cobalt délavé par le soleil ? La peinture décorative peut aussi raviver vos plus chers souvenirs ; un ciel marin estival prendra forme sous les couches translucides du badigeon, et le stuc craquelé d'un palais italien s'offrira à vos yeux par la magie d'une patine.

Mais j'espère que ces recettes sauront aussi vous inciter à peindre et décorer meubles et objets divers. Un meuble sans intérêt peut ainsi

À droite : cette entrée, avec son bel ensemble de meubles anciens, offre un cadre parfait à la fausse pierre (p. 94), particulièrement adaptée aux pièces qui manquent de caractère.

prendre une personnalité nouvelle et des objets usuels un peu ternes se montreront tellement plus sympathiques une fois vieillis !

Laissez libre cours à votre imagination. Avant tout, amusez-vous à découvrir les textures et méthodes de patine, et laissez-vous tenter par le vaste choix de finitions qui s'offre à vous. Peut-être vous sentirez-vous ensuite capable d'adapter les recettes à votre propre goût, et de mélanger les couleurs pour obtenir le jaune tendre d'une motte de beurre ou les bruns dorés d'une feuille morte ramassée en chemin. Après tout, si les résultats vous déçoivent, il est toujours possible de tout recommencer. N'oubliez pas non plus que n'importe quelle surface, ou presque, peut être peinte, même si elle doit pour cela « vieillir » un peu.

La peinture décorative constitue un merveilleux moyen d'exprimer votre personnalité et celle de vos proches. Avec cet ouvrage en main, vous voici prêt à aborder toutes sortes d'effets traditionnels et contemporains et à entreprendre de glorieux projets dans un nombre infini de styles. Courez à vos éponges, chiffons et pinceaux, et frottez, poncez à loisir. Vous allez créer quelque chose d'unique et d'inimitable.

À gauche : dorure ancienne et moderne. Le rideau de bois sculpté, décoré d'une peinture rehaussée de dorure, s'harmonise parfaitement avec le miroir, dont le riche coloris a été volontairement patiné (p. 180).

PREMIÈRE PARTIE

PRÉPARATION

Tout ce que vous devez connaître sur le matériel, les outils, les techniques et la préparation des surfaces avant de commencer, mais aussi sur la marche à suivre pour choisir et utiliser au mieux les recettes qui vous sont proposées.

Pour obtenir l'effet de plâtre inégal, on a ajouté du sable à la première couche et passé un badigeon de finition à deux tons (p. 52). L'applique en forme de feuillage a été peinte façon plomb (p. 164), tandis que l'amphore offre un merveilleux exemple du vieillissement naturel de la terre cuite peinte.

LES MATÉRIAUX

Un bon stock de matériaux est essentiel, et vous identifierez vite les ingrédients principaux à remplacer régulièrement. Il n'est pas indispensable d'acheter les produits les plus onéreux, mais sachez que les marques bon marché n'offrent pas toujours de bons résultats. La plupart des recettes utilisent des matériaux du commerce, mais il peut s'avérer utile de rechercher les ingrédients adéquats.

LES PIGMENTS

La peinture est colorée par des pigments, en suspension dans les huiles et les résines ou sous forme pure. Provenant généralement des pierres précieuses et des roches – le lapis-lazuli donnant le bleu outremer, et la craie ou les poudres de marbre, les blancs et les gris – ils sont souvent très chers. Achetez autant que possible des couleurs de bonne qualité ; les peintures bon marché contiennent des « charges » qui ajoutent du corps et font donc utiliser plus de produit pour le même effet.

TEINTURES POUR BOIS
Ces pigments en poudre fortement concentrés, solubles dans l'eau, doivent être utilisés avec parcimonie. Les colorants pour tissus sont une autre forme de couleur en poudre concentrée, également utilisable sur le bois ; ils sont souvent vendus en petits flacons, preuve de leur forte concentration.

COULEURS ACRYLIQUES POUR ARTISTES
Ces peintures solubles dans l'eau sont disponibles en tubes et pots de diverses tailles. Ces couleurs concentrées se mélangent parfaitement aux médiums à base aqueuse et aux émulsions pour colorer les peintures et les glacis.

COULEURS À L'HUILE POUR ARTISTES
Excellentes pour teindre glacis à l'huile, vernis et peintures coquille d'œuf, ces couleurs constituent aussi de bonnes teintures pour bois en mélange avec de la cire. Elles sont disponibles en tubes et en pots, et leurs appellations sont universelles : le rouge de cadmium, par exemple, représente la même couleur en acrylique ou en huile, où que vous l'achetiez.

COULEURS

TYPE	UTILISATIONS	MÉLANGER AVEC	COLORER AVEC	DILUANT / NETTOYANT	TOXICITÉ
Couleur acrylique	Couleur à l'eau, à séchage rapide, utilisée seule ou pour colorer les peintures et glacis à l'eau. Disponible en tube.	Émulsion, glacis acrylique transparent et eau	Autres couleurs acryliques	Eau	Moyenne
Couleur à l'huile	Couleur à l'huile, à séchage lent, composée de pigments et d'huile de lin, surtout utilisée pour teinter les peintures et glacis à l'huile, colorer la cire et le vernis polyuréthanne à l'huile. Disponible en tube.	Peinture coquille d'œuf ou brillante, glacis à l'huile transparent et white-spirit	Autres couleurs à l'huile	White-spirit	Forte
Teinture pour tissus	Couleur en poudre à base d'eau utilisée pour la teinture du bois. Bonne gamme de couleurs pâles ; quelques couleurs vives.	Eau		Eau	Moyenne
Pigment en poudre	Pigment pur en poudre fine utilisé pour colorer les peintures et teintures à l'eau ou à l'huile. Couleurs très fortes. Teinte également l'adhésif vinylique et le vernis polyuréthanne.	Peinture coquille d'œuf, glacis à l'huile transparent et white-spirit	Autres pigments en poudre	Eau	Moyenne à forte*
Teinture pour bois	Couleur en poudre à base de solvant utilisée pour la teinture du bois, mélangée avec de l'eau. Bonne gamme de couleurs vives.	Alcool à brûler ou eau		Alcool à brûler	Forte

*Certains pigments sont extrêmement toxiques. Lisez attentivement les notices.

PIGMENTS EN POUDRE
On les utilise pour teinter les glacis et vernis à base d'eau et d'huile, et pour fabriquer ses propres peintures. Autrefois seuls moyens de colorer la peinture, ils sont encore prisés par certains artistes et sont disponibles dans une grande variété de couleurs.

APPRÊTS ET SOUS-COUCHES

L'emploi d'apprêts et de sous-couches – pour obtenir une bonne surface – est indispensable à la réussite de tout travail de peinture. Choisissez d'abord la recette et la surface, puis reportez-vous au chapitre Préparation de la surface (pp. 42-47) pour trouver l'apprêt approprié. Vous devrez tenir compte de trois facteurs : la surface du support, son état et le type de peinture recommandé par la recette. Peinture à l'eau ou matériau à l'huile nécessitent généralement des apprêts et/ou sous-couches différents ; en cas de doute, consultez les pages 18-19. Le temps de séchage est également important car le résultat final en dépend.

La plupart des drogueries vendent ces produits, mais les grands magasins de bricolage offrent un plus grand choix et vous pourrez y acheter de plus importantes quantités à moindre coût. Le primaire à l'oxyde de fer rouge et l'adhésif vinylique sont des matériaux polyvalents qui figurent également dans les recettes, par exemple pour la dorure ou la teinture du plâtre et du bois.

APPRÊTS

TYPE	UTILISATIONS	DILUANT / NETTOYANT	TOXICITÉ	USAGE
Apprêt/sous-couche acrylique	Scelle toute surface poreuse non peinte et bouche les parties écaillées d'une surface peinte avant l'application d'une couche de finition. À utiliser sous une peinture à l'eau.	Eau	Moyenne	Intérieur
Impression universelle	Voir apprêt/sous-couche acrylique pour sa fonction. Apprêt à utiliser en cas de doute sur une surface ou sur son état. À utiliser sous une peinture à l'huile ou à l'eau.	White-spirit	Forte	Intérieur/ extérieur
Primaire pour métal	Bonne base à la peinture sur métal et anticorrosion. Préférable pour les couleurs pâles (voir primaire à l'oxyde de fer rouge). À utiliser sous une peinture à l'huile ou à l'eau.	White-spirit	Forte	Intérieur/ extérieur
Adhésif vinylique en solution ou durcisseur	Adhésif polyvalent pouvant être mélangé à de l'eau ou à une émulsion pour produire une impression résistante sur du plâtre nu ou toute autre surface poreuse. À utiliser sous une peinture à l'huile ou à l'eau.	Eau	Moyenne	Intérieur
Primaire à l'oxyde de fer rouge	Anticorrosion. Préférable pour l'utilisation de couleurs sombres (voir primaire pour métal). À utiliser sous une peinture à l'huile ou à l'eau. Bonne base pour la dorure.	White-spirit	Forte	Intérieur/ extérieur
Fixateur de fond	Scelle les surfaces poudreuses ou poreuses comme le plâtre, le bois ou la pierre avant l'application de la peinture. À utiliser sous une peinture à l'huile ou à l'eau.	White-spirit	Forte	Intérieur/ extérieur
Primaire pour bois	Scelle le bois. En blanc sous les couleurs pâles, en rose sous les couleurs sombres. À utiliser sous une peinture à l'huile.	White-spirit	Forte	Intérieur/ extérieur

Voir aussi les adhésifs vinyliques et acryliques (p. 23)

SOUS-COUCHES

TYPE	UTILISATIONS	MÉLANGER AVEC	COLORER AVEC	DILUANT / NETTOYANT	TOXICITÉ	USAGE
Gesso acrylique/ synthétique	À utiliser sous une peinture à l'huile ou à l'eau. Produit une surface lisse, soyeuse et résistante pour la peinture sur plâtre et bois. Frotté, il crée une surface poudreuse et granuleuse.	Émulsion		Eau	Moyenne	Intérieur
Sous-couche à l'huile	À utiliser sous une peinture à l'huile. Protège toute surface, offre une bonne base de peinture et neutralise la couleur existante.	Glacis à l'huile transparent	Couleur à l'huile	White-spirit	Forte	Intérieur/ extérieur
Sous-couche à l'eau	À utiliser sous une peinture à l'eau. Voir sous-couche à l'huile pour ses fonctions.	Glacis acrylique transparent	Couleur acrylique	Eau	Moyenne	Intérieur/ extérieur

Voir aussi apprêt/sous-couche acrylique (ci-contre)

GESSO ACRYLIQUE
Existe en plusieurs couleurs ; produit une base lisse sur plâtre et bois. Le gesso naturel est la sous-couche traditionnelle par excellence.

PRIMAIRE POUR BOIS
Apprêt idéal des peintures à l'huile pour bois, disponible en rose et blanc.

IMPRESSION UNIVERSELLE
Scelle toutes sortes de surfaces, y compris celles en état douteux. Article utile en toute occasion.

PRIMAIRE POUR MÉTAL
Apprêt anticorrosion sous une finition à l'eau ou à l'huile. Également disponible en gris ou rose.

PRIMAIRE À L'OXYDE DE FER ROUGE
Apprêt classique du métal ; bonne base pour les effets de dorure et de bronze.

FIXATEUR DE FOND
Apprêt utile pour les murs en mauvais état ; scelle les surfaces friables et poreuses.

LES PEINTURES DE FINITION

Ces peintures forment le médium de base de la plupart des effets décoratifs. Il s'agit généralement d'émulsion incolore, de peinture coquille d'œuf, brillante ou d'extérieur, auxquelles on ajoute les couleurs et autres matériaux recommandés dans chaque recette. Toutefois, l'utilisation de peintures prêtes à l'emploi est parfois conseillée, surtout pour les couleurs sombres, lorsque la teinture d'une base blanche demanderait une quantité trop importante de couleur. Le tableau ci-contre récapitule la teneur en huile ou en eau des peintures mentionnées.

PEINTURE POUR TABLEAUX D'ÉCOLE
Donne une surface opaque pour une imitation de fer.

PEINTURE COQUILLE D'ŒUF
Donne une finition lisse et semi-satinée. Se colore à la peinture à l'huile.

PEINTURE BRILLANTE
Je préfère la peinture brillante mate à la laque (à droite) : l'effet s'obtient plus rapidement.

PEINTURE LAQUE
Substitut moderne très brillant de la laque véritable (p. 170). Choix limité de couleurs.

ÉMULSION VINYLIQUE MATE
Pour une couche mate à l'aspect crayeux.

PEINTURE D'EXTÉRIEUR
Couche opaque pour les travaux en extérieur ; celle-ci a une texture fine.

ÉMULSION VINYLIQUE SATINÉE
Couche semi-satinée pour des effet variés. Fini mat ou satiné ; se colore à la couleur acrylique.

PEINTURE À LA CASÉINE
Pour une couleur intense et opaque dans le style Shaker.

PEINTURES DE FINITION

TYPE	UTILISATIONS	MÉLANGER AVEC	COLORER AVEC	DILUANT / NETTOYANT	TOXICITÉ	USAGE
À L'HUILE						
Peinture pour tableaux d'école	Donne une surface opaque noire, résistante et abrasive pour certaines finitions métalliques.			Alcool à brûler	Forte	Intérieur
Coquille d'œuf (sans odeur)	Donne une couche semi-satinée, lisse et non poreuse de couleur opaque sur toute surface.	Glacis à l'huile transparent	Couleur à l'huile ou pigment en poudre	White-spirit	Forte	Intérieur
Peinture brillante	Donne une couche brillante, durable et mate de couleur opaque sur du bois.	Glacis acrylique transparent	Couleur à l'huile ou colorant universel	White-spirit	Forte	Extérieur*
Peinture laque	Donne une couche très brillante et mate de couleur opaque pour reproduire l'effet de laque de Chine sur du bois.		Couleur à l'huile		Forte	Intérieur
À L'EAU						
Peinture émulsion	**Vinylique mate** Donne une couche régulière de couleur opaque sans reflet sur toute surface. **Vinylique satinée** Donne une couche régulière semi-satinée de couleur opaque sur toute surface.	Eau et glacis acrylique transparent	Couleur acrylique ou pigment en poudre	Eau. L'alcool à brûler adoucit lorsqu'il est sec ou partiellement sec.	Moyenne	Intérieur
Peinture d'extérieur : lisse ou granuleuse	Donne une solide couche de fond de couleur opaque. Émulsion mélangée à du sable ou des agrégats pour produire de la texture.		Couleur acrylique	Eau	Moyenne	Surtout extérieur*
AUTRES TYPES						
Peinture à la caséine	Donne une couche régulière dense de couleur opaque sur toute surface.	Lait en poudre ou babeurre	Pigment en poudre ou gouache	Eau	Moyenne à forte	Intérieur

*Les recettes indiquent comment adapter les peintures à un usage extérieur.

SOLVANTS ET GLACIS

La plupart des recettes de glacis comprennent un glacis et un solvant. Le glacis est un médium transparent qui permet d'allonger le temps de travail et donne une délicate transparence à la peinture, appréciable dans les techniques à la brosse, au chiffon et des couleurs altérées. Il est à base d'eau ou d'huile. Les solvants allongent aussi le temps de travail ; certains conviennent aux peintures à l'eau, d'autres aux peintures à l'huile. N'oubliez pas que le solvant fait également office de nettoyant – ceci s'applique autant à vos brosses qu'à vos erreurs.

SOLVANTS OU DILUANTS

TYPE	UTILISATIONS	MÉLANGER AVEC	TOXICITÉ
Eau	Nettoie et dilue tous les produits à l'eau. Disperse également les glacis à l'eau, pour des effets décoratifs.	Glacis acrylique transparent et émulsion pour les glacis, ou vernis acrylique.	Toxique en mélange
Alcool à brûler	Nettoie et dilue de nombreux produits à l'huile. Disperse également les glacis à l'eau, pour des effets décoratifs.	Gomme-laque ambre ou vernis au tampon.	Forte
White-spirit	Nettoie et dilue de nombreux produits à l'huile.	Glacis à l'huile transparent et coquille d'œuf pour les glacis, ou peinture brillante et certains vernis.	Forte

TECHNIQUE DE RÉSERVE
Les solvants jouent parfois un rôle essentiel dans la finition. Pour un effet de chagrin, le glacis à l'huile est aspergé d'eau qui laisse de petits ronds clairs.

PATINE À L'ALCOOL À BRÛLER
Pour obtenir un effet de chaux ancienne, on frotte le solvant sur une couche sèche d'émulsion vinylique mate blanche.

DISPERSION À L'ALCOOL À BRÛLER
Quoique plutôt utilisé avec des produits à l'huile, l'alcool à brûler peut s'employer pour patiner un glacis à l'eau et créer un effet vert-de-gris.

TRANSLUCIDITÉ
Le badigeon est un bon exemple des effets du glacis (ici à base aqueuse) sur une finition. La couleur de fond reste en partie visible.

ALLONGER LE TEMPS DE TRAVAIL
Le lissage nécessite de longs coups de pinceau réguliers. L'ajout d'un médium à l'huile au glacis vous laissera le temps de travailler avant qu'il ne sèche.

GLACIS

TYPE	UTILISATIONS	MÉLANGER AVEC	COLORER AVEC	DILUANT / NETTOYANT	TOXICITÉ
Glacis acrylique ou à l'eau (transparent)	Donne de la transparence à la peinture et allonge le temps de travail. S'utilise avec peinture et vernis à l'eau.	Émulsion ou vernis acrylique	Couleur acrylique, pigment en poudre, colorant universel	Eau	Moyenne
Patine à ombrer	Vieillit un grand nombre de décorations peintes, en particulier les craquelures à l'eau.		Couleur acrylique	Eau	Moyenne
Huile de lin	Entre dans la composition du glacis à l'huile ; s'utilise aussi seul pour diluer et allonger le temps de travail de la couleur à l'huile.	Couleur à l'huile	Couleur à l'huile	White-spirit	Forte en mélange
Glacis à l'huile (transparent)	Donne de la transparence à la peinture et allonge le temps de travail. S'utilise avec peinture et vernis à l'huile.	Peinture coquille d'œuf ou brillante, vernis à l'huile ou polyuréthanne mat	Couleur à l'huile, pigment en poudre, colorant universel	White-spirit	Forte

► PATINE À OMBRER
Disponible en terre d'ombre ou de Sienne pour vieillir la peinture sur bois.

◄ GLACIS ACRYLIQUE
Se dilue à l'eau et s'utilise dans les finitions à l'eau.

GLACIS À L'HUILE
Se dilue au white-spirit et s'utilise dans les finitions à l'huile.

CIRES, POUDRES ET PÂTES

Cires, poudres et pâtes sont des ingrédients polyvalents essentiels à maintes recettes. Mélangées aux couleurs à l'huile, au blanc de Meudon ou à d'autres matériaux, elles produisent toutes sortes d'effets. Référez-vous au tableau pour choisir solvants et diluants, car certaines pâtes, par exemple, sont difficiles à ôter des outils. La plupart de ces matériaux sont disponibles dans les magasins de bricolage et les boutiques de fournitures pour artistes. Rangez-les soigneusement et assurez-vous de l'étanchéité des couvercles.

CIRES

TYPE	UTILISATIONS	COLORER AVEC	DILUANT / NETTOYANT	TOXICITÉ
Cire d'abeille en pastilles	Se mélange à de l'huile pour artiste pour teindre le bois. Faire fondre avant utilisation.	Couleur à l'huile, pigment en poudre et cirage	White-spirit	Forte
Encaustique ou cire pour meubles	S'utilise dans la technique de réserve pour vieillir ou patiner le bois peint. Cire et scelle également le bois.			Forte
Cirage noir	Se mélange à des poudres métalliques argentées pour un effet de fer. Le cirage à chaussure noir (pas la crème) convient aussi.			Forte
Cire pure	Se mélange avec des couleurs à l'huile pour créer un effet de cuir. Cire et scelle également le bois.	Couleur à l'huile, pigment en poudre et cirage	White-spirit	Forte
Cire à céruser	Se mélange avec du blanc de Meudon (ci-contre) pour un effet de patine. Cire et scelle le bois.	Idem	White-spirit	Forte
Cirage blanc	Scelle et cire le bois.	Idem	White-spirit	Forte
Cire blanche	Scelle et rehausse le bois.	Idem	White-spirit	Forte

CIRE D'ABEILLE
Faire fondre au bain-marie, puis mélanger à de l'huile pour artiste, pour teindre le bois.

CIRE POUR MEUBLES
S'utilise comme la cire d'abeille ou dans la technique de réserve.

CIRAGE NOIR
Utilisé seul comme teinture, ou avec des poudres métalliques pour un effet de fer.

CIRE À CÉRUSER ▶
S'utilise seule pour un effet de chaux sur le bois ou avec du blanc de Meudon sur les murs.

▼ CIRE PURE
Avec des couleurs à l'huile pour un effet de cuir ou seule pour polir le bois.

▼ CIRE BLANCHE
Seule pour rehausser le bois ou avec des couleurs à l'huile pour un cirage teinté.

◀ CIRAGE BLANC
Pour sceller et révéler le bois sous de légers glacis frottés. Aussi sous forme liquide.

POUDRES

TYPE	UTILISATIONS	MÉLANGER AVEC	COLORER AVEC	TOXICITÉ
Craie	Voir blanc de Meudon.			
Sable	Donne de la texture à la finition. S'ajoute généralement à la couche de fond et, frotté, produit un effet de patine. Disponible en divers grains, le plus gros s'utilisant avec de la peinture d'extérieur.	Coquille d'œuf, émulsion ou peinture d'extérieur	Couleur acrylique ou pigment en poudre	Moyenne en mélange
Blanc de Meudon	S'ajoute à de la peinture, de l'adhésif vinylique ou de la cire à céruser (ci-contre) pour créer un effet vieilli, nébuleux ou poussiéreux.	Émulsion, adhésif vinylique, cire à céruser ou eau	Pigment en poudre, couleur acrylique (s'il est mélangé)	Moyenne en mélange

CIRE À CÉRUSER
La cire joue un rôle vital dans le processus de patine de la « fresque ». Après avoir poncé le glacis, on applique une couche pour « retenir » le blanc de Meudon, que l'on fait pénétrer pour donner un aspect poussiéreux.

SABLE
Le sable de diverses grosseurs de grain donne du corps aux peintures et glacis.

BLANC DE MEUDON
Ajoute du corps et de l'intérêt aux finitions.

BLANC DE MEUDON
Ici, le blanc de Meudon a été appliqué à des endroits précis alors que la peinture était presque sèche pour suggérer l'aspect du plomb vieilli.

ADHÉSIF VINYLIQUE
Mélangé à des pigments, il teinte ou scelle les murs, métaux et bois.

PÂTES

TYPE	UTILISATIONS	MÉLANGER AVEC	COLORER AVEC	DILUANT / NETTOYANT	TOXICITÉ
Adhésif vinylique ou colle blanche	Scelle les surfaces poreuses et effritées. S'utilise avec des peintures à l'eau, ou avec des pigments en poudre pour teinter plâtre et bois.	Émulsion	Couleur acrylique ou pigment en poudre	Eau	Moyenne
Adhésif acrylique	Version étanche de l'adhésif vinylique (ci-dessus).		Idem	Eau	Moyenne

VERNIS ET ENDUITS

Outre leur propriété de sceller et de protéger la peinture des coups ou de l'usure, ils jouent également un rôle dans les finitions mêmes, mélangés à de la couleur pour une patine décorative ou utilisés seuls pour un aspect vieilli instantané (vernis à craqueler). Aussi, ayez-en un bon choix. La plupart des vernis de finition et de protection, extrêmement toxiques, doivent être manipulés avec soin et bien rebouchés après usage. Respectez le temps de séchage et lisez les instructions avant d'appliquer des couches supplémentaires.

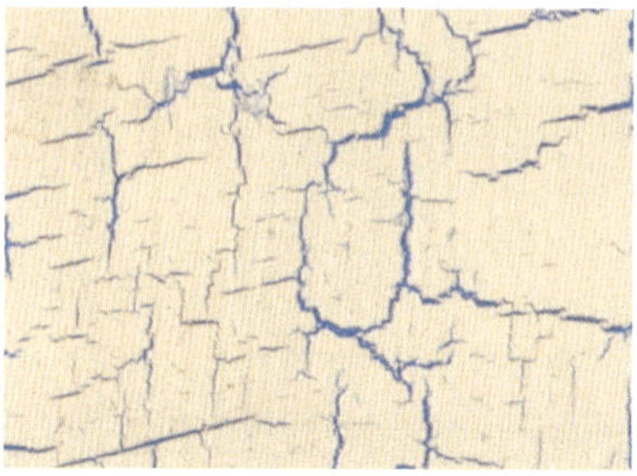

VERNIS À CRAQUELER
À l'eau S'utilise avec une émulsion à l'eau. Craquelures courtes et irrégulières. Donne un effet stylisé.

À l'huile S'utilise avec de la peinture coquille d'œuf. Craquelures espacées sur un réseau de très fines craquelures. Donne un effet ancien.

VERNIS ACRYLIQUE
Lui-même à base d'eau, ce vernis est un enduit idéal pour les finitions à l'eau ; il sèche vite et dure longtemps. Les peintures mates ou satinées en rehausseront l'effet.

VERNIS À CRAQUELER
Ces vernis à l'eau (en haut) ou à l'huile (en bas) s'utilisent pour vieillir le bois (ci-dessus). Suivez bien les instructions, car les méthodes varient d'une marque à l'autre.

VERNIS À L'HUILE MAT
Très étanche, il produit un lustre mat sur les peintures à l'huile.

VERNIS AU TAMPON
Ce vernis décoratif s'utilise pour le bois et les finitions décoratives. Grand choix de couleurs.

VERNIS POLYURÉTHANNE
Idéal sur des peintures à l'huile ; vernis durable pour usage extérieur.

◀ GOMME-LAQUE
Disponible en plusieurs couleurs ; scelle les surfaces dorées ou bronzées.

VERNIS MARINE
Vernis très résistant pour usage extérieur, sur des finitions à l'eau ou à l'huile

VERNIS DE FINITION ET DE PROTECTION

TYPE	UTILISATIONS	MÉLANGER AVEC	COLORER AVEC	DILUANT / NETTOYANT	TOXICITÉ	USAGE
Vernis acrylique : incolore, mat ou satiné	Scelle et protège les peintures à l'eau. Séchage rapide ; durable.		Couleur acrylique, pigment en poudre ou colorants universels	Eau	Moyenne	Intérieur
Vernis à craqueler	**À l'eau** Crée un effet craquelé lorsqu'il est appliqué entre une base à l'eau et une couche supérieure.			Eau	Moyenne	Intérieur
	À l'huile Craquelures plus espacées quand deux couches sont appliquées sur un fond à l'huile.			Eau (rarement)	Forte	Intérieur
Vernis à l'huile mat	Produit traditionnel qui scelle et protège les peintures à l'huile.	Glacis à l'huile transparent	Couleur à l'huile, pigment en poudre ou colorants universels	White-spirit	Forte	Intérieur
Vernis au tampon	Scelle et colore les surfaces dorées. S'utilise comme peinture sur verre. Nombreux coloris.		Teinture pour bois à base de solvant	Alcool à brûler	Forte	Intérieur
Fixatif à l'huile	Scelle et cire le bois ; vieillit les peintures.		Couleur à l'huile ou pigment en poudre	White-spirit	Forte	Intérieur
Vernis polyuréthanne : incolore, brillant, satiné ou mat	Protège les peintures à l'huile. Séchage lent ; durable. Sert de teinte pour des effets de laque patinée.	Glacis à l'huile transparent	Couleur à l'huile	White-spirit	Forte	Extérieur
Gomme-laque (ambre)	Scelle et vieillit les surfaces dorées et bronzées. Scelle aussi les pochoirs.		Couleur à l'huile ou pigment en poudre	White-spirit	Forte	Intérieur
Vernis marine : brillant ou satiné transparent	Protège les peintures à l'eau et à l'huile. Très résistant et durable.	Glacis à l'huile transparent	Couleur à l'huile	White-spirit	Forte	Extérieur

Voir aussi cire pure (p. 22).

LES FINITIONS MÉTALLIQUES

Qu'il s'agisse de feuilles ou de poudres et peintures métalliques, les substituts actuels de l'or véritable et de la feuille de métal précieux font de la dorure et des finitions apparentées un art tout à fait abordable. Le travail de ces matériaux est agréable et le résultat toujours convaincant. Ils se déclinent en plusieurs tons, ce qui vous donne de vastes possibilités d'expérimentation. Prenez le temps de vous familiariser avec les techniques de patine ; elles peuvent parfois transformer d'austères petits objets en véritables chefs-d'œuvre.

POUDRE MÉTALLIQUE ET CIRE
La poudre métallique argentée alliée à du cirage noir donne l'aspect sombre et subtil du fer.

PROJECTION DE PEINTURE DORÉE
Ici, la « pyrite de cuivre » caractéristique du lapis-lazuli est rendue par une simple peinture dorée.

▲ MIXTION À L'EAU
Version moderne à base d'eau ; séchage rapide.

▼ MIXTION À L'HUILE
Cette mixtion traditionnelle met longtemps à sécher.

VERNIS D'APPRÊT

TYPE	UTILISATIONS	MÉLANGER AVEC	COLORER AVEC	DILUANT / NETTOYANT	TOXICITÉ
Mixtion à dorer à l'eau	Produit une base adhésive, au séchage rapide, pour les poudres et feuilles métalliques. Scelle certaines finitions.		Couleur acrylique	Eau	Moyenne
Mixtion à dorer à l'huile	Produit une base adhésive, au séchage lent, pour les poudres de bronze et de métal et les feuilles d'or véritable.	Glacis à l'huile transparent (mixtion plus visible) ou peinture à l'huile (bonne couleur de base).	Couleur à l'huile et pigment en poudre	White-spirit	Forte

PEINTURES, POUDRES ET FEUILLES

TYPE	UTILISATIONS	COLORER AVEC	DILUANT / NETTOYANT	TOXICITÉ
Poudres de bronze	Mélanger à du vernis à l'huile, brosser ou souffler sur la mixtion à dorer, pour créer un effet métallique sur toute surface. En bronze, or et cuivre. Moins chères que la feuille de métal et plus efficaces que la peinture.	Gomme-laque ambre ou vernis au tampon	Alcool à brûler	Forte
Feuille de métal : cuivre, or et aluminium	Appliquer sur la mixtion à dorer pour créer un effet métallique sur toute surface. L'aluminium donne un bel effet argenté. Moins chère que les feuilles d'or véritable. Disponible en feuilles ou fragments.	Idem		Forte à l'application
Peinture dorée ou pâte à dorer	Produit un effet doré sur toute surface. Plus facile à utiliser et moins chère que les feuilles de métal et les poudres de bronze, mais moins efficace.	Idem	Alcool à brûler	Forte
Poudres métalliques (dont graphite)	Mélanger avec du vernis à l'huile, brosser ou souffler sur la mixtion à dorer pour créer une variété d'effets métalliques sur toute surface.	Idem	Alcool à brûler (si mélangé)	Forte
Peinture argentée	Produit un effet argenté sur toute surface. Plus facile à utiliser et moins chère que les feuilles de métal, mais moins efficace.	Idem	Alcool à brûler	Forte

POUDRES DE BRONZE
Tons or, argent, cuivre et bronze. Brosser ou souffler sur la mixtion, ou mélanger à de la gomme-laque.

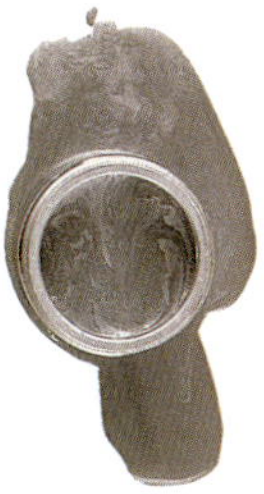

PEINTURE DORÉE
Rapide à appliquer, substitut à base d'huile de la dorure.

PÂTE À DORER
Appliquer ou peindre sur du primaire à l'oxyde de fer rouge.

PEINTURE ARGENTÉE
Base pour une finition fer ou substitut de la feuille.

POUDRE DE GRAPHITE
S'ajoute aux cires et à la peinture (aspect métallique sombre).

FEUILLE DE MÉTAL
Cette feuille composite est un substitut moins cher mais satisfaisant de la feuille de métal véritable. Elle est disponible en de nombreux tons or, aluminium (pour un effet argenté) et cuivre, en feuilles de 15 cm² ou en vrac. Les outils de dorure traditionnels comprennent un couteau pour couper la feuille et un brunissoir doté d'un embout d'agate.

POUDRES MÉTALLIQUES ▶
Soufflées ou brossées sur la mixtion presque sèche ou mélangées à de la cire pour créer des effets métalliques, fantaisistes ou réalistes. Grand choix de couleurs.

LES BROSSES

Le secret d'une peinture réussie réside en partie dans le choix du matériel. Des outils de mauvaise qualité ou inadéquats nuiront au résultat et compliqueront le travail. Il convient donc d'acheter les brosses conseillées ; correctement entretenues (p. 37), elles dureront des années. De plus en plus de boutiques de bricolage et de fournitures pour artistes vendent des brosses et autre matériel professionnel, et de nombreux magasins et fabricants spécialisés offrent de bons services par correspondance. Achetez toujours la brosse ou l'outil à la bonne taille ; un matériel trop petit ou trop grand fait perdre du temps et rend la tâche plus ardue.

①

②

1 BROSSES ORDINAIRES
Brosses à soies raides pour sous-couches, couches de fond et vernis à l'huile.

2 BROSSES À ÉMULSION
Extrêmement souples, elles s'utilisent pour les peintures et glacis à l'eau.

3 BROSSE À ÉPOUSSETER
Conçue pour brosser une surface poncée, elle remplace aussi le blaireau à estomper ou la brosse à adoucir.

③

⑤

4 BROSSE À PATINE
Idéale pour peindre les surfaces inégales ; peut remplacer la brosse à pocher. Utilisée pour appliquer une émulsion sur du crépi.

④

5 BLAIREAU À ESTOMPER
Aujourd'hui en soies de porc, il sert à estomper les glacis à l'eau et à l'huile sur les murs et le bois. Plusieurs tailles disponibles.

⑥

⑦

⑧

⑨

7 BROSSE À ADOUCIR
Substitut économique du blaireau à estomper, mais plus chère que la brosse à épousseter.

8 PETIT BLAIREAU
Voir 5. Pour les petites surfaces.

9 QUEUE À LISSER
Brosse en soies pour appliquer les glacis et vernis à l'huile.

10 BROSSES À POCHER
Pour « soulever » les glacis. Chères.

⑩

6 QUEUE À BATTRE
Pour le lissage et le faux bois. Produit des tracés vigoureux et uniformes sur tous les glacis.

MATÉRIEL À FAUX BOIS
Le faux bois s'obtient par des techniques de peinture. Des outils spécialisés donnent divers résultats. Voir aussi p. 111.

11 BERCEAU À FAUX BOIS
Fait en caoutchouc avec un motif incorporé, il est passé sur une surface pour créer un effet de faux bois.

12 VEINETTE ÉVENTAIL
Disponible en pure soie ou imitation. Passée sur un glacis, elle donne un délicat fini de faux bois.

13 VEINETTE
Utilisée dans la deuxième étape du veinage pour créer les « arcs » de certains bois ; interchangeable avec le spalter. Divers types pour imiter différents bois.

14 SPALTER À MÈCHES
S'utilise pour imiter l'érable madré et l'acajou. Différentes tailles.

15 PEIGNE
Chaque côté de ce peigne en caoutchouc présente des dents de différentes tailles. S'utilise pour le faux pin, le faux chêne, ou d'autres effets de style.

⑬

⑭

⑪

⑫

⑮

LES BROSSES

①

②

③

④

⑤

⑥

1 SPALTER
S'utilise pour lisser les glacis à l'huile et pour la première phase du veinage ; interchangeable avec la veinette. Il en existe plusieurs types.

2 BROSSE À LAQUER
Brosse en pures soies, de diverses tailles, utilisée pour appliquer les laques et les vernis.

3 BROSSES À VERNIS
Outils traditionnels pour les vernis à l'huile, ces brosses souples donnent un fini lisse mais sont chères. Le vernis étant difficile à ôter, je préfère les brosses ordinaires pour les produits à l'huile, réservant celles-ci au vernis acrylique.

4 PINCEAU À FILETS
Ce pinceau en pures soies sert à tracer des lignes droites. Pour assurer la continuité du mouvement, chargez-le généreusement de peinture.

5 PINCEAU SIFFLET OU STRIPPER
Conçu pour tracer de fines lignes sur les meubles, il sert également à veiner le marbre. Il suffit de le tourner entre ses doigts pour obtenir une ligne brisée et irrégulière. Disponible en plusieurs tailles, il exige un bon entretien.

6 BROSSES À TABLEAU
En soies pures ou artificielles, rondes ou plates, ces brosses existent en différentes tailles. Elles s'utilisent dans la décoration, notamment pour les travaux exécutés à main levée.

⑦

7 BROSSES
À POCHOIR
Ces brosses rondes ont des soies rudes et courtes conçues pour ne retenir qu'un peu de peinture à la fois ; on les utilise sur des pochoirs. Elles existent en différentes tailles, en soies pures ou artificielles. Substitut économique des brosses à pocher (p. 29).

⑧

8 VIEILLES BROSSES
Les vieilles brosses usées donnent du caractère et de la texture à de nombreuses peintures. Elles s'utilisent aussi pour moucheter et pour dissoudre les glacis.

⑨

9 BROSSES
EN SOIES DE PORC
Les brosses en soies de porc s'utilisent surtout pour les travaux à l'huile, mais peuvent convenir aux produits à l'eau. Elles s'emploient pour le marbrage, la peinture à main levée et projetée. Elles sont dites rondes, bombées, pointues ou plates, selon la forme de leur pointe.

AUTRE MATÉRIEL

Outre les brosses, vous aurez besoin d'autres outils pour exécuter les recettes. Vous les trouverez dans la plupart des magasins de bricolage, à moins que vous ne les possédiez déjà dans votre cuisine ou votre garage. Conservez les grands récipients alimentaires en plastique pour mélanger les peintures et glacis, les vieilles cuillères et autres ustensiles de cuisine pour remuer. Nettoyez toujours vos outils avec soin et laissez-les sécher complètement avant de les ranger (hors de la portée des enfants). Le tableau de la page 20 vous indique quel solvant ou diluant utiliser ; pour les produits à base d'eau, l'eau savonneuse tiède est de rigueur.

①

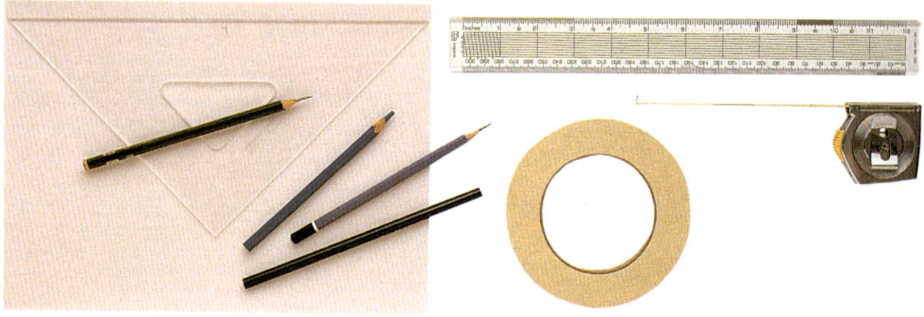

1 PRÉPARER ET MESURER
Le té permet de tracer des lignes droites. La règle en fer sert d'appui rectiligne pour la découpe au cutter ou au scalpel. Équipez-vous de crayons bien taillés et de papier-calque pour fabriquer les pochoirs. Utilisez une règle transparente pour mesurer les petites surfaces et un mètre ruban pour les grandes. Le ruban de masquage fixe les pochoirs et protège les surfaces.

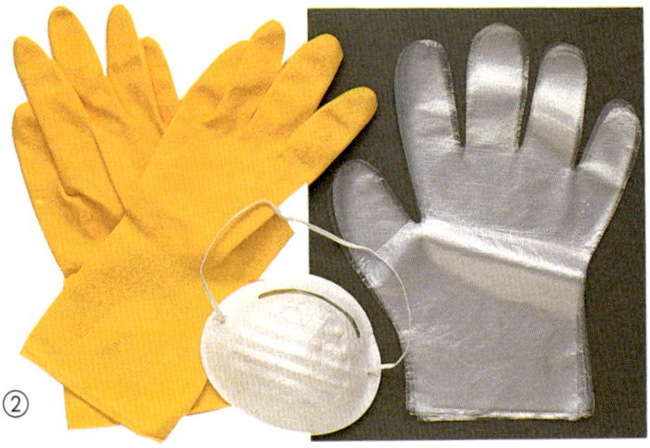

②

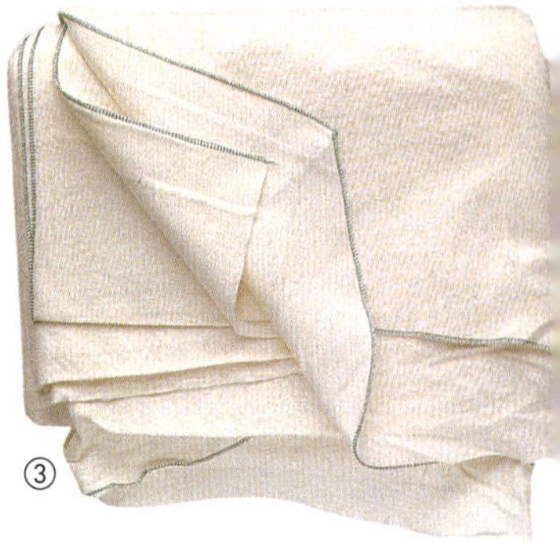

③

2 GANTS ET MASQUE
Les gants jetables protègent la peau sans altérer le toucher ; ceux en caoutchouc s'utilisent pour la préparation. Portez un masque avec les poudres métalliques.

3 BÂCHES
En plastique ou en tissu de diverses tailles, elles protègent de la peinture et de la poussière. De vieux draps feront l'affaire.

④

⑤

⑥

4 BROSSE MÉTALLIQUE
Elle s'utilise pour lessiver les surfaces peintes et éliminer la rouille ou la moisissure du métal.

5 BROSSE À POILS DURS
Idéale pour nettoyer les surfaces (peintes ou non).

6 GRATTOIR
S'utilise pour retirer la peinture (sur les murs et les carreaux), la saleté et le papier peint.

7 AGITATEURS
Vieilles cuillères, couteaux et bâtonnets sont parfaits pour remuer les peintures.

8 SEAU EN PLASTIQUE
Uniquement pour les peintures et glacis à base d'eau.

9 SEAU MÉTALLIQUE
Plus pratique, car il peut contenir les produits à l'eau et à l'huile.

10 SEAU HERMÉTIQUE
Très utile pour conserver les produits.

11 POTS DIVERS
Un verre gradué, des cuillères à mesurer et des entonnoirs sont indispensables. Utilisez des plats en aluminium ou des bacs à peinture pour les glacis passés à l'éponge ou au chiffon.

12 POINÇON
Pour la vermoulure.

13 CUTTER
Découpe les pochoirs et vieillit le bois.

14 SCALPEL
Découpe des pochoirs sophistiqués.

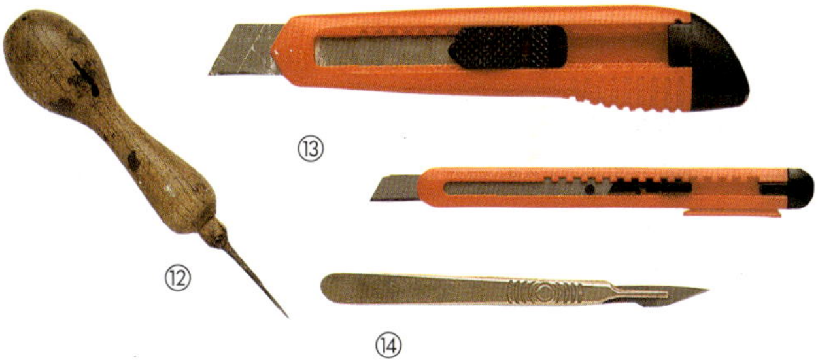

15 CHIFFONS
Chiffon non pelucheux (en haut) pour cirer et frotter ; autres chiffons pour rouler, tamponner, nettoyer.

16 ÉPONGES
Préférez les naturelles ; déchirez les autres pour améliorer le rendu.

17 ABRASIFS
Le papier de verre, la toile émeri et la laine d'acier sont le secret des surfaces vieillies.

LES TECHNIQUES

Les recettes de cet ouvrage font appel à diverses techniques de peinture. Leur maîtrise est indispensable car, lorsque vous vous sentirez sûr de vous, vous pourrez commencer à expérimenter et créer vos propres effets. Si la plupart de ces techniques s'adaptent à diverses surfaces, il est préférable d'utiliser pour chacune d'entre elles le matériel adéquat (pp. 28-33). Pour que le résultat soit un véritable succès, suivez pas à pas les instructions et lisez attentivement les conseils donnés dans ce chapitre.

PEINDRE LES SURFACES

UNIFORMÉMENT
IRRÉGULIÈREMENT

Uniformément
En ne travaillant qu'une surface d'environ 1 m^2 à la fois, appliquez des coups de pinceaux horizontaux réguliers. Répétez le geste à la verticale, pour recouvrir toute la surface.

Irrégulièrement
Travaillez plus librement et en diagonale. Notez la position ferme de la main. Vous devez obtenir un fini irrégulier, laissant apparaître la couche inférieure.

ADOUCIR LES TRAITS DE PINCEAU

BLAIREAU
À ESTOMPER
BROSSE SÈCHE

Avec un blaireau à estomper
Tenez la brosse par le manche de façon à pouvoir balayer la surface. Seule l'extrémité doit effleurer le support. Ne tirez pas le glacis et n'effacez pas les tracés.

Avec une brosse sèche
Tenez la brosse fermement et passez rapidement l'extrémité des poils sur le glacis. Cette méthode, moins subtile, efface totalement les traits de pinceaux irréguliers.

POCHAGE

Pochage

Il s'agit de tapoter légèrement l'extrémité des soies sur la surface pour soulever des particules de peinture et de glacis. Les brosses à pocher sont chères et vous pourrez les remplacer par des brosses à pochoir. La profondeur de l'effet dépend de la pression exercée.

Comme l'adoucissement à la brosse sèche, cette méthode d'estompage crée une surface douce et régulière qui ressort bien sur les murs ; elle a été élevée à juste titre au rang des finitions.

EFFETS DE PEINTURE

À L'ÉPONGE

Retrait et application à l'éponge

Utilisez une éponge propre et humide pour retirer le glacis d'une surface (à droite), ou une éponge enduite de peinture pour l'appliquer sur la surface (ci-dessus). Selon la taille et la forme des éponges, la position de la main et la pression exercée, les effets sont différents.

LISSAGE

Avec une queue à battre

Notez la position de l'index sur la brosse pour stabiliser le trait continu. Éliminez les poils lâches de la brosse et tenez-la verticalement pour commencer.

Avec de la laine d'acier

Cette technique est plus facile car on travaille plus près de la surface. L'effet est cependant moins prononcé car on ôte plus de glacis. Utilisez une laine d'acier très fine.

AU CHIFFON

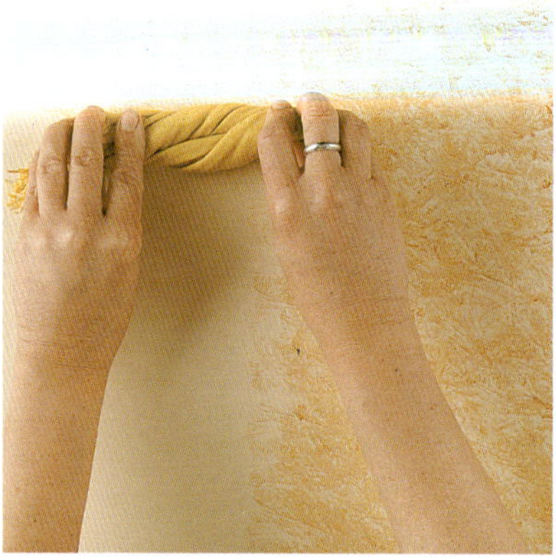

Retrait et application au chiffon
Utilisez un chiffon propre et humide pour retirer le glacis d'une surface (à droite), ou un chiffon enduit de glacis pour le rouler sur la surface (ci-dessus). Roulez le chiffon plus ou moins fermement pour varier les effets : notez l'aspect net et acéré de la méthode de droite, et voyez comment débuter.

PROJECTION

Avec une brosse à dents
Raclez les soies de la brosse chargée de peinture. Projetées à 15 cm de la surface, les mouchetures seront fines et régulières.

Avec une brosse en soies de porc
Pour des pointillés larges et denses, tenez-vous à 20-25 cm de la surface ou frappez la virole (ci-dessus) au lieu du manche.

À LA BROSSE SÈCHE
À LA QUEUE À BATTRE

À la brosse sèche
Notez la prise qui assure le meilleur contrôle sur la brosse. La brosse est très peu chargée et appliquée dans tous les sens.

À la queue à battre
Tapotez légèrement la surface pour créer de petites marques verticales qui adouciront un veinage prononcé.

AU PEIGNE

Peignage vertical
La main doit rester stable pour tracer de longs traits continus. Commencez en tenant le peigne droit. Essuyez-le après chaque passage.

Effet moiré
Passez le peigne sur un glacis mouillé en lignes horizontales continues. Puis passez-le de haut en bas en lignes ondulées.

VEINAGE

Au spalter
1re étape du veinage : passez légèrement le spalter sur le glacis en traits continus, avec moins de pression que pour le lissage (p. 35).

À la veinette
2e étape du veinage : travaillez depuis le centre en formant des arcs concentriques superposés.

ENTRETIEN DES BROSSES

BROSSES

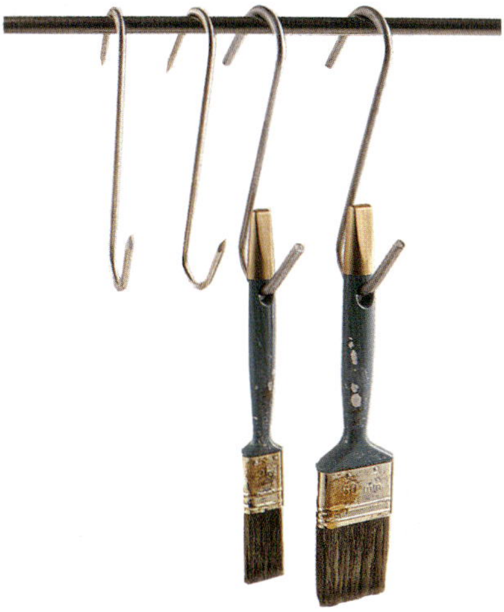

Nettoyage des brosses
Peinture à l'huile : versez assez de solvant dans deux récipients pour couvrir les soies. Mettez des gants de caoutchouc, trempez la brosse dans le solvant, remuez, ôtez la peinture avec vos doigts et essorez. Rincez dans l'autre récipient, en grattant la peinture séchée à la brosse métallique. Lavez à l'eau savonneuse, rincez et essorez. Pressez les soies encore humides entre vos paumes pour les remettre en forme. Peinture à l'eau : rincez à l'eau courante, lavez à l'eau savonneuse, rincez et remettez en forme. Suspendez vos brosses pour les faire sécher et les ranger.

COMMENT PROCÉDER

Ce chapitre répondra à toutes les questions que vous pourriez vous poser au sujet des recettes qui vous sont proposées dans ce livre. Lisez-le attentivement avant de commencer à travailler, étudiez la recette choisie avec soin, organisez votre travail et laissez-vous aller aux joies de la décoration.

CHOISIR LA TECHNIQUE

Ne prenez pas de décision hâtive, surtout si vous comptez vous atteler à un long travail, comme la peinture d'une pièce ou d'un meuble imposant. Chaque finition est un investissement en termes de temps, d'argent et d'énergie que vous devez être prêt à assumer. Prenez votre temps et faites de cet ouvrage votre livre de chevet jusqu'à ce que vos idées commencent à prendre forme. C'est alors que vous pourrez soumettre celles que vous préférez à ce simple questionnaire :

- Cette technique peut-elle s'appliquer à la surface choisie ? Consultez le code de couleur en tête de la recette, et voyez p. 41.
- L'état de la surface est-il approprié ? Lisez l'introduction de la recette pour toute instruction spécifique.
- La finition résistera-t-elle dans l'endroit auquel je la destine ?

Procédez ensuite aux essais (voir ci-contre). Une plaque de bois ou de carton de 1 m^2 apprêtée conviendra pour représenter n'importe quelle surface. Étudiez les résultats avec soin sous une lumière naturelle et artificielle, de jour et de nuit, en posant la plaque dans la pièce où le travail doit être réalisé. L'achat de quelques tubes de peinture vous permettra peut-être d'éviter une erreur onéreuse.

PLAN DE TRAVAIL

Lorsque vous avez choisi votre recette, réunissez le matériel nécessaire et suffisamment de peinture et de matériaux pour le travail prévu ; le tableau page 40 vous aidera à déterminer les quantités requises. Lisez aussi les instructions de préparation pages 42-47 : il vous faudra peut-être passer un apprêt, une sous-couche ou un autre enduit.

Respectez le temps de séchage indiqué dans les recettes et établissez votre plan de travail en conséquence. Lisez les conseils du fabricant sur chaque produit ; les temps de séchage peuvent varier. Si la recette comporte de nombreuses étapes, commencez de bonne heure. Toute peinture paraîtra inégale si vous n'avez pas le temps de terminer la surface dans la journée. N'appliquez jamais de peinture à l'huile en fin de journée si vous voulez retravailler la surface le lendemain ; le temps de séchage de 24 heures vous en empêcherait. Souvenez-vous aussi que le séchage est plus long par temps humide.

MÉLANGE

Suivez les instructions pour faire vos mélanges sans gaspillage, et utilisez une vieille cuillère ou un bâton pour remuer.

Le principe fondamental des couches de fond des recettes est la simplicité. Ajoutez à votre médium (peinture à l'eau ou à l'huile) les colorants appropriés (couleur acrylique ou pigment en poudre pour les peintures à l'eau, couleur à l'huile ou pigment en poudre pour les peintures à l'huile).

Les glacis sont par nature plus translucides et requièrent souvent un temps de travail plus long : on ajoute un glacis tout prêt (à l'huile ou à l'eau) avant les colorants, et un diluant (eau pour la peinture à l'eau, white-spirit pour la peinture à l'huile) pour terminer. Ajoutez toujours le diluant en dernier et lentement ; il est en effet plus facile et économique d'ajouter du diluant que de compléter un mélange trop liquide avec de la peinture ou du glacis.

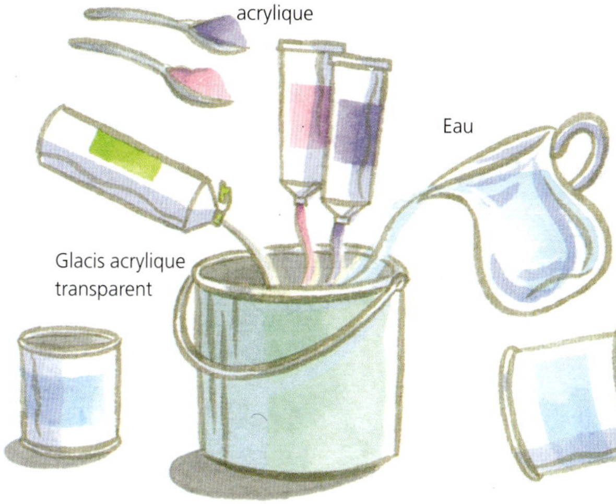

GLACIS À L'EAU CLASSIQUE
De gauche à droite, préparation du mélange : médium acrylique et eau (ou solvant) pour les glacis à l'eau. La couleur acrylique ou le pigment en poudre sont les agents colorants. Les cuillères à mesurer sont presque rases.

GLACIS À L'HUILE CLASSIQUE
De gauche à droite, préparation du mélange : médium à l'huile et white-spirit (ou solvant) pour les glacis à l'huile. La couleur à l'huile ou le pigment en poudre sont les agents colorants. Les cuillères à mesurer sont presque rases.

ESSAI

Testez toujours la couleur et la consistance avant d'appliquer la peinture ou le glacis ; il est plus facile de corriger une teinte dès le début. De vieilles plaques de bois ou de carton épais feront de parfaits échantillons ; couvrez-les de peinture blanche à cet effet. Pour tester l'aspect d'un glacis, appliquez d'abord une couche de la couleur de fond et tout autre glacis mentionné. Pour la teinture du bois, faites un essai sur un bois de couleur et de grain similaires.

MODIFICATION / CORRECTION

Corriger une couleur est un procédé simple si l'on suit les instructions du mélange. Ajoutez les couleurs lentement, en vérifiant le résultat régulièrement, mais soyez particulièrement vigilant avec les tons foncés (ajoutez-les de préférence en dernier) et les couleurs en poudre pour éviter tout gaspillage. Préférez le gris ou la terre d'ombre plutôt que le noir ou le blanc : le gris produit un ton subtil et la terre d'ombre adoucit les couleurs trop vives ou froides. Si un glacis ne rend pas bien à l'essai, ou s'il n'a pas sa transparence caractéristique, ajoutez progressivement un peu de médium.

Il est toujours difficile de corriger des erreurs de technique. Les peintures et glacis à l'huile sèchent lentement et peuvent s'effacer avec un chiffon non pelucheux trempé dans du white-spirit. Portez des gants et essuyez aussi peu de surface que possible. Avec les peintures et glacis à l'eau, il vous faudra opérer rapidement en passant une éponge ou un chiffon imbibé d'eau, mais vous devrez peut-être malgré tout repasser une couche de fond et recommencer.

POUVOIR COUVRANT

TYPE	SURFACE PAR LITRE*	TYPE	SURFACE PAR LITRE*
APPRÊTS		**PEINTURES PRÊTES À L'EMPLOI**	
Apprêt/sous-couche acrylique	15 m²	**Peinture coquille d'œuf**	16 m²
Impression universelle	15 m²	**Émulsion (mate et satinée)**	9-15 m²
Primaire pour métal	10 m²	**Peinture brillante**	12-15 m²
Adhésif vinylique en solution ou durcisseur	12-15 m²	**Peinture laque**	10-12 m²
		Peinture d'extérieur	3-6 m²
Primaire à l'oxyde de fer rouge	10-12 m²	**Peinture à la caséine**	10-12 m²
Fixateur de fond	12-15 m²		
Primaire pour bois	12-15 m²		
SOUS-COUCHES			
Gesso acrylique/synthétique	10-12 m²		
Sous-couche à l'huile	10-12 m²		
Sous-couche à l'eau	15-18 m²		

* Il s'agit d'une moyenne fournie par les fabricants. Le pouvoir couvrant réel varie en fonction de l'utilisation et de la surface choisie. L'ajout de colorants, glacis et diluant est quasi négligeable.

RANGEMENT

Il est toujours prudent de conserver les restes de peinture ; vous pourriez en avoir besoin pour faire des retouches ou reproduire une couleur. Les peintures à l'huile ne se gardent pas longtemps ; conservez-les dans des pots hermétiques, jamais dans des récipients en plastique. Les peintures à l'eau peuvent se garder dans du plastique, mais assurez-vous que les couvercles s'adaptent bien. Étiquetez chaque pot, en précisant le contenu, la date et l'utilisation. Ajoutez un avertissement pour les peintures à l'huile. Enfin, rangez les pots debout.

SÉCURITÉ

- Lisez toujours les instructions du fabricant.
- Manipulez les produits et les mélanges avec soin ; vous pourriez inhaler, toucher ou avaler des matières toxiques.
- Les couleurs suivantes, très toxiques (en poudre, à l'huile ou à l'eau), doivent être utilisées avec prudence : CRAMOISI D'ALIZARINE, BLEU CÉRULÉUM, VERT DE COBALT, VIOLET DE COBALT, NOIR D'IVOIRE, NOIR DE MARS, BLEU DE PRUSSE ET BLEU OUTREMER.
- Travaillez dans un lieu bien aéré et ouvrez les fenêtres pendant le séchage.
- Éloignez les animaux et les enfants de la pièce.
- Évitez de manger, boire et fumer ; n'entreposez pas de nourriture ou de boissons près du lieu de travail.
- Rangez tous les produits et matériaux hors de la portée des enfants et des animaux.
- Les glacis à l'huile sont inflammables ; jetez-les avec prudence.

LE CODE DE COULEUR

De nombreuses recettes peuvent être appliquées à plusieurs surfaces. Tous les types de surface sont définis par un code de couleur (ci-dessous) et les couleurs qui figurent en tête de chaque recette désignent le type de surface sur lequel elle peut être appliquée. Pour trouver la préparation adéquate, reportez-vous à la même couleur dans le chapitre Préparation de la surface (pp. 42-47).

Ainsi, le badigeon (p. 52) peut s'appliquer aux murs, au bois, au plâtre et aux plastiques ; pour savoir comment préparer ces surfaces, voyez pp. 42-43 et 46-47.

MURS	Convient aux murs de brique et de plâtre. Voir p. 42.
BOIS ET COMPOSITES	Convient au bois, à l'aggloméré, à l'Isorel et au contre-plaqué. Voir p. 43.
PIERRE	Convient au granite, au marbre, au grès et à l'ardoise. Voir p. 44.
MÉTAL	Convient à tous les métaux. Voir p. 45.
PLÂTRE ET SURFACES POREUSES	Convient au ciment, au béton, au plâtre et à la terre cuite. Voir p. 46.
PLASTIQUES ET AUTRES MATÉRIAUX	Convient au plastique, à la fibre de verre et au stratifié vinyle. Voir p. 47.

MURS

SURFACE	NETTOYAGE	RÉPARATION	APPRÊTS*	SOUS-COUCHE*
BRIQUE				
Non peinte ou peinte : émulsion ou peinture brillante	Lavez à grande eau. Brossez avec une brosse à poils durs. Ôtez les taches avec un détachant ménager. Poncez les surfaces peintes au papier de verre moyen ou gros.	Remplacez les joints si nécessaire. Colmatez les aspérités avec un reboucheur multi-usages.	**À l'eau** Appliquez une couche d'apprêt/sous-couche acrylique et laissez sécher (2 h). **À l'huile** Appliquez une couche d'impression universelle et laissez sécher (16 h).	**À l'eau** Inutile. **À l'huile** Passez une couche de sous-couche à l'huile et laissez sécher (16 h).
PLÂTRE				
Non peint : neuf ou vieux	Frottez avec une brosse à poils souples.	Colmatez les trous avec un reboucheur multi-usages et les fissures fines avec du plâtre. Tapissez de papier d'apprêt (horizontalement) ou laissez tel quel pour créer un effet vieilli ou texturé.	**À l'eau** Plâtre neuf : appliquez une couche d'adhésif vinylique en solution et laissez sécher (1 h). Plâtre neuf et vieux : appliquez une couche d'apprêt/sous-couche acrylique et laissez sécher (2 h). **À l'huile** Plâtre neuf : comme ci-dessus. Plâtre vieux : appliquez une couche d'impression universelle et laissez sécher (16 h).	**À l'eau** Inutile. **À l'huile** Passez une couche de sous-couche à l'huile et laissez sécher (16 h).
Peint : émulsion ou peinture brillante	Lessivez avec une solution détergente et laissez sécher.	Voir plâtre non peint.	**À l'eau** Voir plâtre non peint/vieux. **À l'huile** Voir plâtre non peint/vieux. Enduisez les surfaces instables d'une couche de fixateur de fond et laissez sécher (16 h).	**À l'eau** Inutile. **À l'huile** Voir plâtre non peint.
Tapissé : bon état ou mauvais état	Bon état : essuyez avec un chiffon humide. Mauvais état : mouillez bien le mur à la brosse à poils durs et à l'eau chaude. Ôtez le papier avec un grattoir, en travaillant horizontalement.	Bon état : recollez les raccords lâches. Pour les couleurs vives et encres métalliques, passez un mastic en solution (3 volumes de mastic à nœuds/1 volume d'alcool à brûler). Mauvais état : voir plâtre non peint/neuf.	**À l'eau** Voir plâtre non peint/vieux. **À l'huile** Procédé original : appliquez une couche d'apprêt/sous-couche acrylique et laissez sécher (2 h).	**À l'eau** Inutile. **À l'huile** Voir plâtre non peint.
Revêtement en vinyle : non peint ou peint	Mouillez bien et ôtez à la brosse métallique et au grattoir. Pour les surfaces difficiles, louez une décolleuse à vapeur.	Pour les étapes suivantes, voyez plâtre non peint/neuf.		

*Apprêts et sous-couches à l'eau avant peintures à l'eau ; apprêts et sous-couches avant peintures à l'huile.

BOIS ET BOIS COMPOSITES

SURFACE	NETTOYAGE	RÉPARATION	APPRÊT*	SOUS-COUCHE*
BOIS				
Non scellé : neuf ou vieux	Frottez avec un chiffon propre. Poncez au papier de verre fin.	Appliquez un vernis à nœuds pour contenir la sève et bouchez les trous avec un mastic à bois ; poncez au papier de verre fin.	**À l'eau** Avant peinture : passez une couche d'apprêt/sous-couche acrylique et laissez sécher (2 h). Sinon : une couche de vernis acrylique transparent. **À l'huile** Inutile.	**À l'eau** Inutile. **À l'huile** Appliquez une couche de sous-couche à l'huile et laissez sécher (16 h).
Peint : émulsion ou peinture brillante	Lessivez avec une solution détergente et laissez sécher. Peinture brillante : poncez avec un abrasif à l'eau.	Bouchez les gros trous avec un mastic à bois et poncez au papier de verre fin. Remplacez le mastic des vitres si nécessaire.	**À l'eau** Passez de l'apprêt/sous-couche acrylique sur les parties inégales et laissez sécher (2 h). **À l'huile** Passez une couche de primaire pour bois sur les parties inégales et laissez sécher (6 h).	**À l'eau** Passez une couche d'apprêt / sous-couche acrylique et laissez sécher (2 h). **À l'huile** Voir bois non scellé.
Scellé	Poncez au papier de verre moyen.	Bouchez les fissures avec un mastic à bois.	Pour les étapes suivantes, suivez les instructions du bois verni.	
Verni	Brossez bien avec une brosse à poils durs. Ôtez le vernis écaillé avec un grattoir ; pour les surfaces récalcitrantes, utilisez un décapant.	Voir bois peint.	**À l'eau** Voir bois non scellé. **À l'huile** Inutile.	**À l'eau** Voir bois peint. **À l'huile** Voir bois non scellé.
AGGLOMÉRÉ	Frottez avec une brosse à poils souples.	Bouchez les gros trous avec un reboucheur multi-usages.	**À l'eau** et **à l'huile** Appliquez une couche de fixateur de fond et laissez sécher (16 h).	**À l'eau** Voir bois peint. **À l'huile** Voir bois non scellé.
ISOREL ET CONTRE-PLAQUÉ	Frottez avec une brosse à poils souples. Poncez au papier de verre fin.	Isorel : voir aggloméré. Contre-plaqué : voir bois non scellé.	**À l'eau** Passez une couche d'apprêt/sous-couche acrylique et laissez sécher (2 h). **À l'huile** Passez une couche de primaire pour bois, laissez sécher (6 h).	**À l'eau** Inutile. **À l'huile** Voir bois non scellé.

*Apprêts et sous-couches à l'eau avant peintures à l'eau ; apprêts et sous-couches à l'huile avant peintures à l'huile.

Note Certaines finitions sur bois – en particulier la peinture vieillie, la teinture, le bois frotté et le badigeon – doivent mettre en valeur le grain du bois lui-même. Dans ce cas, il n'est donc pas nécessaire d'appliquer au préalable un apprêt ou une sous-couche.

PIERRE

SURFACE	NETTOYAGE	RÉPARATION	APPRÊT*	SOUS-COUCHE*
GRANITE, MARBRE, GRÈS ET ARDOISE	Lavez avec une solution détergente et laissez sécher. Frottez avec une brosse à poils durs. Pierre trouvée : essuyez avec une solution faible d'eau de Javel pour tuer les spores et laissez sécher.	Colmatez les fissures et les trous avec un reboucheur multi-usages.	**À l'eau** Appliquez une couche de fixateur et laissez sécher (16 h), puis une couche d'apprêt/sous-couche acrylique et laissez sécher (2 h). **À l'huile** Appliquez une couche de fixateur et laissez sécher (16 h).	**À l'eau** Inutile. **À l'huile** Appliquez une couche de sous-couche à l'huile et laissez sécher (16 h).

*Apprêts et sous-couches à l'eau avant peintures à l'eau ; apprêts et sous-couches à l'huile avant peintures à l'huile.

Avant de peindre les motifs, on a scellé ces carreaux avec un liant vinylique plutôt qu'avec un fixateur, pour ne pas altérer leurs belles couleurs.

Cet élément architectural en pierre a été scellé avec un durcisseur vinylique puis enduit d'une couche d'impression à l'huile et enfin de peinture pour tableaux d'école (complétée de poudres de bronze, de vernis au tampon ambre et de vernis polyuréthanne satiné).

Cette tête gothique témoigne de l'usure du temps. Il faut en retirer les lichens et les mousses avant de l'apprêter.

MÉTAL			
SURFACE	**NETTOYAGE**	**APPRÊT***	**SOUS-COUCHE***
NUE	Ôtez toutes les particules de rouille avec une brosse métallique et de la toile émeri ; laissez sécher.	**À l'eau et à l'huile** Appliquez une couche d'antirouille et laissez sécher (1 h), puis une couche de primaire à l'oxyde de fer rouge et laissez sécher (16 h).	**À l'eau** Passez une couche d'apprêt/sous-couche acrylique et laissez sécher (2 h). **À l'huile** Passez une couche de sous-couche à l'huile et laissez sécher (16 h).
ROUILLÉE	Ôtez les dépôts à la brosse métallique ou à la toile émeri et au white-spirit, et laissez sécher. Frottez les surfaces très rouillées à la brosse métallique puis à la toile émeri.	**À l'eau et à l'huile** Appliquez une couche d'antirouille et laissez sécher (1 h), puis une couche de primaire pour métal ou primaire à l'oxyde de fer rouge et laissez sécher (12 ou 16 h).	**À l'eau et à l'huile** Voir métal nu.
LAQUÉE OU PEINTE	Bon état : lavez avec une solution détergente et laissez sécher. Mauvais état : ôtez la peinture au décapant chimique.	**À l'eau et à l'huile** Appliquez une couche de primaire pour métal et laissez sécher (12 h).	**À l'eau et à l'huile** Voir métal nu.
RECOUVERTE DE PLASTIQUE	Bon état : lavez avec une solution détergente et laissez sécher. Poncez à la toile émeri. Mauvais état : incisez légèrement le revêtement avec un cutter, sans érafler le métal, et retirez-le. Traitez comme le métal nu.	**À l'eau et à l'huile** Appliquez une couche d'impression universelle et laissez sécher (16 h).	**À l'eau et à l'huile** Voir métal nu.

*Apprêts et sous-couches à l'eau avant peintures à l'eau ; apprêts et sous-couches à l'huile avant peintures à l'huile.

Trois étapes : neuf (à gauche), traité à l'antirouille et au primaire pour métal (au centre) et doré (à droite). Voir p. 182 pour les détails.

PLÂTRE ET SURFACES POREUSES

SURFACE	NETTOYAGE	RÉPARATION	APPRÊT*	SOUS-COUCHE*
CIMENT ET BÉTON	Lavez au jet d'eau. Frottez à la brosse à récurer. Ôtez les taches avec un nettoyant ménager et les traces de graisse avec du sable.	Bouchez les plus gros trous avec du ciment.	**À l'eau et à l'huile** Passez une solution d'adhésif vinylique ou acrylique** et laissez sécher (2 h), puis une couche de fixateur et laissez sécher (16 h).	**À l'eau** Passez une couche d'apprêt/sous-couche acrylique et laissez sécher (2 h). **À l'huile** Passez une couche de sous-couche à l'huile *ou* (ciment) de la peinture d'extérieur et laissez sécher (16 ou 24 h).
PLÂTRE: petits et gros objets	Frottez avec un chiffon doux.	Bouchez les fissures avec un reboucheur fin et poncez au papier de verre fin.	**À l'eau et à l'huile** Voir ciment. Petits objets : omettez la couche de fixateur.	**À l'eau** Voir ciment. **À l'huile** Appliquez une couche de sous-couche à l'huile et laissez sécher (16 h).
TERRE CUITE	Frottez avec un chiffon doux puis avec du papier de verre fin.	Voir plâtre.	**À l'eau** Passez une solution d'adhésif vinylique ou acrylique**, puis une couche d'apprêt/sous-couche acrylique. Laissez sécher chaque fois 2 h. **À l'huile** Inutile.	**À l'eau** Inutile. **À l'huile** Voir plâtre.

*Apprêts et sous-couches à l'eau avant peintures à l'eau ; apprêts et sous-couches à l'huile avant peintures à l'huile.
**L'adhésif acrylique, version étanche de l'adhésif vinylique, s'utilise dans les jardins, jardins d'hiver et débarras.

Identifiez la peinture originale et nettoyez. Si la vieille peinture est très brillante, vous devrez la poncer. Appliquez plusieurs sous-couches pour couvrir une surface sombre.

PLASTIQUES ET MATÉRIAUX CONNEXES

SURFACE	NETTOYAGE	RÉPARATION	APPRÊT*	SOUS-COUCHE*
PLASTIQUE (souple et dur), FIBRE DE VERRE ET VINYLE	Lavez avec une solution détergente. Poncez à la toile émeri.	Bouchez les fissures et les trous avec un enduit pour carrosserie.	**À l'eau et à l'huile** Appliquez une couche de fixateur et laissez sécher (16 h), puis une couche d'apprêt/sous-couche acrylique et laissez sécher (2 h).	**À l'eau** Inutile. **À l'huile** Appliquez une couche de sous-couche à l'huile et laissez sécher (16 h).

*Apprêts et sous-couches à l'eau avant peintures à l'eau ; apprêts et sous-couches à l'huile avant peintures à l'huile.

Une fois la poignée ôtée, cette vieille porte en stratifié a été bouchée avec un enduit à carrosserie. Après ponçage et apprêt, elle a été peinte d'une finition fer.

Ces pots en plastique ont été poncés, passés au fixateur et à l'apprêt/sous-couche acrylique avant d'être peints en imitation granite (p. 152).

DEUXIÈME PARTIE

RECETTES

Peintures traditionnelles et contemporaines pour les murs, finitions pour imiter le bois, la pierre et le métal, et peintures décoratives pour un fini parfait

Ce bel exemple d'effet craquelé à base d'eau transforme une cloison de bois. Plus rapide et plus facile que la version à l'huile (p. 112-116), cette technique montre comment une finition peut changer, de façon économique et efficace, l'aspect d'une pièce.

À gauche : la terre cuite se marie parfaitement au bois du buffet peint et à cette étonnante collection d'objets antiques et ethniques. Le sable fin ajouté à la couche de fond donne du corps et encore plus de profondeur au badigeon (pp. 52 et 100).

Ci-dessous : scènes religieuses et guirlandes ornent les murs de cette cour mexicaine. La pierre nue, le plâtre peint et les tons doux sont une inépuisable source d'inspiration.

Le choix d'une finition murale est probablement la décision la plus importante lorsque l'on décore une pièce. Ce choix est toujours personnel ; il reflète le caractère de ceux qui y vivent, l'atmosphère qu'ils souhaitent recréer, ou traduit une facette insoupçonnée de leur personnalité.

En expérimentant votre propre technique, vous produirez un effet individuel que ne permet pas la simple application d'une peinture unie. Vous pouvez élaborer de subtils mélanges de couleurs inspirés d'une étoffe ou d'un tableau que vous affectionnez, ou, si l'inspiration vous vient de l'étranger, reproduire un cadre qui vous a particulièrement marqué. Les possibilités sont infinies.

L'élaboration d'une décoration en harmonie avec un intérieur d'époque n'est plus la tâche longue et onéreuse qu'elle était. Aujourd'hui, d'excellents substituts vous permettent de reproduire un intérieur à l'aspect authentique. D'autre part, vous pouvez réaliser de faux effets ou des finis en couleurs altérées pour donner de l'âge et du caractère à une pièce, qu'il s'agisse de recréer une cuisine de campagne ou un vestibule de château.

Les techniques de peinture peuvent également cacher quelque imperfection, sans nécessiter un coûteux replâtrage. Une surface sans intérêt peut, avec la technique adéquate, prendre l'aspect d'un mur de style. De même, un mur neuf et parfaitement lisse peut acquérir assez vite du relief et de la texture.

Chaque pièce doit être décorée individuellement, même si vous souhaitez donner de la cohérence à l'ensemble de votre maison. Souvenez-vous que certaines pièces sont plus exposées à l'usure que d'autres ; certaines peintures sont à déconseiller pour les cuisines et les salles de bains, d'autres doivent être protégées.

Tenez toujours compte de l'échelle lorsque vous choisissez une technique. À moins de vouloir créer en effet résolument déconcertant, rappelez-vous que les couleurs pâles donnent de l'espace et que les tons foncés rapetissent une pièce ; cela peut être utile si vous voulez rendre une grande pièce chaleureuse ou une petite pièce plus spacieuse.

Si vous recherchez la subtilité, les vastes surfaces mouchetées ou lissées sont très jolies, mais décevantes en termes de caractère. N'oubliez pas non plus que la couleur du fond altérera considérablement le glacis que vous appliquerez. Les plus beaux effets utilisent souvent du blanc en couleur de fond.

Les techniques murales s'appliquent à toutes sortes de surfaces. Les moulures en plâtre et autres moulages, les vieux meubles, les plastiques et stratifiés, par exemple, peuvent se métamorphoser sous l'effet d'une finition judicieuse. Étudiez le code de couleur en tête de chaque recette et référez-vous à la page 41.

Ci-dessus : les murs badigeonnés (p. 52) de tons terre et bleus mettent en valeur les couleurs lumineuses de la pièce. Notez la division des surfaces en damiers sombres et clairs qui ajoute de l'intérêt.

À gauche : ce plâtre vieilli était à l'origine badigeonné de pigments vifs sable et terre cuite (p. 52), mais, usé par le temps et le manque de soin, cet intérieur classique nourrit aujourd'hui l'imagination romantique.

BADIGEON

Le badigeon fait partie des procédés issus des beaux-arts. La technique dite des couleurs altérées consiste à appliquer une couche de peinture ou un glacis semi-translucide sur un fond opaque contrasté, de façon à produire de subtiles variations de couleur. Dans le badigeon, il s'agit d'appliquer de fines couches de glacis en conservant les marques du pinceau pour créer texture et profondeur ; cette technique s'utilise indifféremment dans les intérieurs d'époque ou modernes, citadins ou ruraux. Les produits à l'eau accélèrent le procédé traditionnel de détrempe.

On a utilisé un badigeon terre cuite pour décorer cette ferme. Souvent peints de couleurs unies, pâles ou de blanc, ces intérieurs conviennent parfaitement au badigeon frotté. Il suffit d'appliquer le glacis, puis de le frotter avec un chiffon, en mouvements irréguliers.

RECETTE DE BASE – OCRE JAUNE SUR PIERRE

INGRÉDIENTS

Couche de fond ▶ 1 litre d'émulsion vinylique satinée blanche / 1 cuil. à soupe de couleur acrylique gris neutre / 2 cuil. à soupe d'ocre jaune / 1/2 cuil. à soupe d'ombre naturelle

Glacis ▶ 500 ml d'émulsion vinylique mate blanche / 500 ml de glacis acrylique transparent / 3 cuil. à soupe de couleur acrylique ocre jaune / 2 cuil. à café de rouge vermillon / 1 cuil. à café de Sienne naturelle / 400-500 ml d'eau

Couche protectrice facultative ▶ 1 litre de vernis acrylique mat incolore

MATÉRIEL

2 seaux à peinture / 2 brosses à émulsion de 75 mm, ou 1 brosse et 1 rouleau avec bac / 1 brosse à émulsion à poils durs large et usée / 1 blaireau à estomper ou 1 brosse à émulsion à poils souples de 75 mm / 1 brosse à vernis de 50 mm (facultatif)

INSTRUCTIONS

Couche de fond

1 Versez l'émulsion satinée dans un seau. Ajoutez le gris neutre, l'ocre jaune, l'ombre naturelle et mélangez bien.

2 Appliquez uniformément (p. 34) sur la surface préparée avec une brosse à émulsion (ou le rouleau). Laissez sécher (2-3 h).

❶ OCRE JAUNE SUR PIERRE
Recette de base : un effet subtil pour les intérieurs traditionnels.

❷ BLEU SUR BLANC
Émulsion vinylique satinée blanche pour le fond ; glacis coloré avec 3 cuil. à soupe de bleu de cobalt et 2 cuil. à soupe de bleu outremer.

❸ TERRE CUITE SUR PIERRE
Couche de fond de la recette, glacis coloré avec 3 cuil. à soupe de rouge de Venise et 1 cuil. à soupe d'ocre jaune. Coups de pinceau larges.

❹ LILAS SUR BLANC
Ce coloris audacieux sied aussi aux pièces traditionnelles. Émulsion vinylique satinée blanche pour le fond, glacis coloré avec 3 cuil. à soupe de violet brillant.

❺ VISON SUR BLANC
Ton doux et neutre pour un intérieur ancien ou moderne : émulsion vinylique satinée blanche pour le fond ; 2 cuil. à soupe de gris neutre et 2 cuil. à soupe d'ocre bronze pour colorer le glacis. Des hachures entrecroisées créent un effet de losanges.

❻ VERT SUR BLANC
Glacis coloré avec 3 cuil. à soupe de vert vif sur un fond d'émulsion vinylique satinée blanche. Larges coups de pinceau en tous sens.

Glacis

1 Versez l'émulsion mate dans l'autre seau. Ajoutez le glacis acrylique, l'ocre jaune, le rouge vermillon, la Sienne naturelle et l'eau (un peu à la fois) ; mélangez bien pour obtenir un glacis liquide mais pas trop. La consistance est importante : le fond doit apparaître sous le glacis.
2 Appliquez le glacis avec une brosse à émulsion, en travaillant irrégulièrement (p. 34) sur une surface n'excédant pas 1 m² à la fois. Pour un effet plus régulier, donnez des coups de pinceau en arc de cercle.
3 Avec la brosse à poils durs sèche, repassez rapidement sur la surface à coups irréguliers, dans tous les sens.
4 Avec le blaireau à estomper (ou la brosse à poils souples), effleurez légèrement la surface (p. 34) pour adoucir les marques de pinceau ; prenez garde toutefois à ne pas lisser le glacis. Laissez sécher (2 h).

Des tons bleu doux ont été choisis pour badigeonner cette entrée. Cet effet de couleur tout simple éclaire un couloir étroit et un peu sombre, et la touche d'ocre utilisée dans le glacis réchauffe le coloris.

Note Vous pouvez passer une deuxième couche de glacis pour une couleur plus intense. L'émulsion et le glacis, en séchant, produisent une peinture résistante, mais si vous badigeonnez un lieu de passage, comme une entrée, protégez-la avec une ou deux couches de vernis, en laissant sécher chaque couche 2-3 h.

Si vous badigeonnez du bois, appliquez toujours le fond et le glacis dans le sens du fil. Étendez la couche de fond, laissez-la sécher, puis essuyez-la avec un chiffon. Estompez le glacis (ci-dessus, étape 4), et appliquez une ou deux couches de vernis si nécessaire.

Usage extérieur Utilisez de la peinture d'extérieur lisse pour la couche de fond et appliquez deux couches de vernis polyuréthanne mat.

Ce simple porte-magazines en Isorel a été couvert d'un fond pierre puis d'un badigeon ocre, selon la méthode décrite dans la recette de base. La décoration à main levée et au pochoir est de style Bloomsbury (p. 184).

PEINTURE À L'ÉPONGE

La peinture à l'éponge est une technique moderne de couleurs altérées. L'éponge, humidifiée à l'eau ou imprégnée de glacis, est appliquée sur un fond ou un glacis de couleur différente, de façon à créer un effet légèrement marbré, par retrait ou application de couleur. En combinant les deux méthodes, on obtient un fini subtil et surprenant : les tons pastel donnent une légèreté aérienne, tandis que les couleurs sombres produisent un effet riche et profond. Utilisez de préférence des éponges naturelles.

RECETTE DE BASE – GRIS SUR PIERRE

INGRÉDIENTS

Couche de fond ▸ 1 litre d'émulsion vinylique satinée blanche / 2 cuil. à soupe de couleur acrylique ombre brûlée / 1/2 cuil. à café de bleu outremer / 1/2 cuil. à soupe de noir de Mars
Premier glacis ▸ 500 ml d'émulsion vinylique mate blanche / 250 ml de glacis acrylique transparent / 2 cuil. à soupe de couleur acrylique gris neutre / 1 cuil. à soupe d'ombre brûlée / 1/4 de cuil. à soupe de noir de Mars / 200 ml d'eau
Deuxième glacis ▸ 500 ml d'émulsion vinylique mate blanche / 250 ml de glacis acrylique / 2 cuil. à soupe de couleur acrylique noir de Mars / 1/2 cuil. à soupe d'ombre brûlée / 250 ml d'eau
Couche protectrice facultative ▸ 1 litre de vernis acrylique mat incolore

MATÉRIEL

3 seaux à peinture / 2 brosses à émulsion de 75 mm ou 1 rouleau / bac à peinture / éponges naturelles de diverses tailles / eau pour humidifier et rincer les éponges / gants jetables / 1 brosse à vernis de 50 mm (facultatif)

INSTRUCTIONS

Couche de fond

1 Versez l'émulsion dans un seau. Ajoutez l'ombre brûlée, le bleu outremer, le noir de Mars, et mélangez bien.
2 Avec une brosse à émulsion (ou le rouleau), appliquez uniformément (p. 34) sur la surface préparée. Laissez sécher (2-3 h).

Premier glacis

1 Versez l'émulsion mate dans un deuxième seau. Ajoutez le glacis acrylique, le gris neutre, l'ombre brûlée, le noir de Mars et l'eau (peu à peu) ; mélangez bien.
2 Appliquez une couche uniforme de glacis avec une brosse à émulsion en recouvrant entièrement le fond. (Vous pouvez utiliser un rouleau, mais seulement pour couvrir une grande surface.)
3 Trempez une éponge dans de l'eau et essorez-la à fond. Mettez les gants et appliquez l'éponge sur la surface pour retirer partiellement le glacis, en tamponnant légèrement (p. 35). Modifiez la position du poignet pour créer différents effets. Vous pouvez également varier les motifs en utilisant des éponges de différentes tailles. Laissez sécher (1-2 h).

Deuxième glacis

1 Versez l'émulsion mate dans le troisième seau. Ajoutez le glacis acrylique, le noir de Mars, l'ombre brûlée et l'eau (peu à peu – ce glacis doit être plus liquide que le premier). Mélangez bien.

2 Versez un peu de glacis dans le bac à peinture propre, et renouvelez par petites quantités de temps en temps (vous éviterez ainsi de surcharger l'éponge).

3 Mettez les gants et, avec une autre éponge humide, appliquez le glacis sur le mur, en tamponnant légèrement et en tournant l'éponge pour varier le motif. Vous pouvez là encore utiliser plusieurs éponges. Rincez-les régulièrement à l'eau pour ne pas les saturer. Laissez sécher (2 h).

Note Appliquez une ou deux couches de vernis pour protéger la surface, en laissant sécher 2-3 h entre chaque couche. La combinaison de ces techniques donne plus d'intensité à la couleur, mais vous pouvez les utiliser séparément.

❶ GRIS SUR PIERRE
Recette de base : au-dessus du lambris d'appui, le glacis gris a été retiré à l'éponge ; au-dessous, le même glacis a été retiré puis appliqué à l'éponge.

❷ VIEUX ROSE SUR CORAIL
Le fond est coloré avec 2 cuil. à soupe de rouge de cadmium et 1 cuil. à soupe d'ombre naturelle ; le glacis avec 2 cuil. à soupe de rouge de cadmium, 1 cuil. à soupe d'ombre naturelle et 1/2 cuil. à soupe de gris neutre.

❸ OCRE SUR SABLE
Finition neutre en accord avec des tissus écrus : colorez le fond avec 2 cuil. à soupe d'ocre jaune et 1 cuil. à soupe d'ombre naturelle ; le glacis avec 3 cuil. à soupe d'ocre jaune.

PEINTURE AU CHIFFON

La peinture au chiffon est relativement simple et rapide. La méthode de base consiste à altérer une surface peinte en la travaillant à l'aide d'un chiffon non pelucheux roulé. On peut utiliser deux couleurs ou plus, et une combinaison de retrait et d'application au chiffon donne un effet intéressant, ajoutant de la profondeur à la finition. La peinture au chiffon est idéale pour couvrir des murs en mauvais état, à condition de bien les préparer car le glacis a tendance à s'assombrir dans les trous et les fissures. Il est sage de se faire aider car le glacis sèche vite, et de ne pas trop travailler la surface pour conserver son aspect flou. En utilisant de subtiles combinaisons de couleurs, vous pourrez aisément vieillir une pièce ou lui conférer un aspect plus moderne avec d'autres coloris. Un ton pâle sur un fond sombre est joli et original, et un glacis vif sur un fond aussi vif mais d'une autre couleur peut donner un résultat spectaculaire. Vous pouvez également remplacer le chiffon par d'autres matériaux – sacs en plastique, dentelle, papier chiffonné ou bouts de moquette – à condition de bien couper les fils qui dépassent.

RECETTE DE BASE – COBALT SUR BLEU-VERT PÂLE

INGRÉDIENTS

Couche de fond ▸ 1 litre d'émulsion vinylique satinée blanche / 1 cuil. à soupe de couleur acrylique bleu de cobalt / 1/2 cuil. à soupe de vert de cobalt / 1/2 cuil. à soupe d'oxyde jaune
Glacis ▸ 500 ml d'émulsion vinylique mate blanche / 500 ml de glacis acrylique transparent / 2 cuil. à soupe de couleur acrylique bleu de cobalt / 2 cuil. à café de vert de cobalt / 500 ml d'eau
Couche protectrice facultative ▸ 1 litre de vernis acrylique incolore, satiné ou mat

MATÉRIEL

3 seaux à peinture / 2 brosses à émulsion de 75 mm ou 1 rouleau / bac à peinture / chiffons de coton (45 cm²) / eau pour humidifier les chiffons / gants jetables / 1 brosse à vernis de 50 mm (facultatif)

INSTRUCTIONS

Couche de fond

1 Versez l'émulsion dans un seau. Ajoutez le bleu de cobalt, le vert de cobalt, l'oxyde jaune, et mélangez bien.
2 Avec une brosse à émulsion (ou le rouleau), appliquez uniformément (p. 34) sur la surface. Laissez sécher (2-3 h).

Premier glacis

1 Versez l'émulsion mate dans un deuxième seau. Ajoutez le glacis acrylique, le bleu de cobalt, le vert de cobalt et l'eau (peu à peu) ; mélangez bien. Gardez dans le troisième seau la moitié de ce glacis pour la deuxième couche.
2 Appliquez la première couche de glacis avec une brosse à émulsion (ou le rouleau) en mouvements horizontaux et verticaux pour obtenir un aspect uniforme, en recouvrant entièrement le fond.
3 Trempez un chiffon dans de l'eau et essorez-le à fond.

❶ COBALT SUR BLEU-VERT PÂLE
Recette de base : bien que le fond soit à peine visible, son ton doux donne de la profondeur et le glacis cobalt prend ainsi un aspect translucide. Le retrait et l'application au chiffon créent un motif d'une grande finesse.

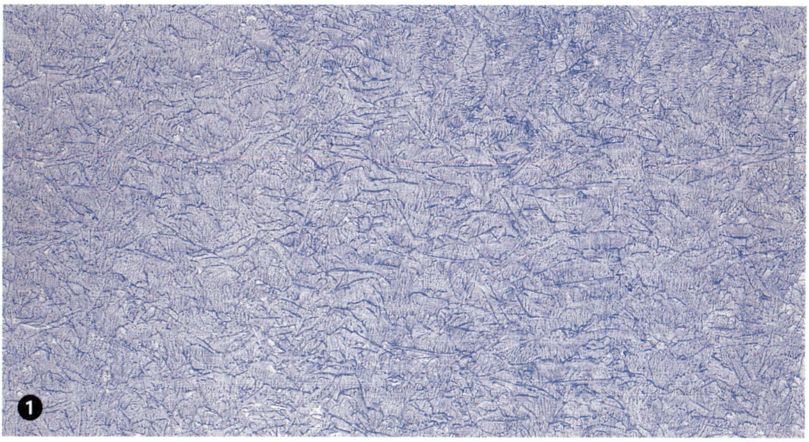

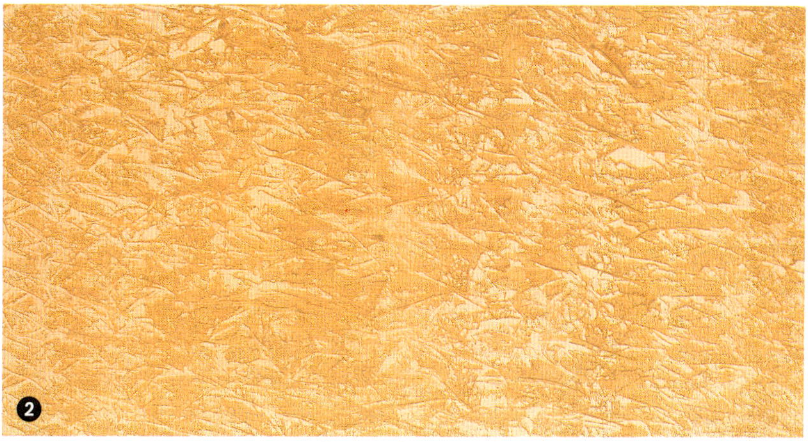

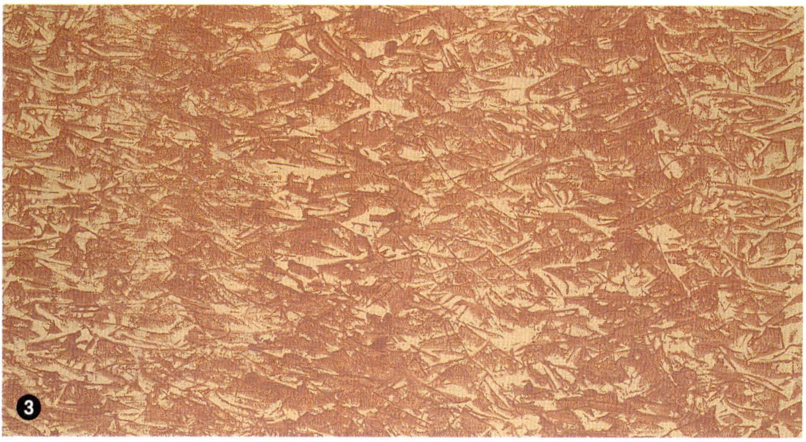

❷ OCRE SUR PIERRE
Fond : 2 cuil. à soupe d'ocre bronze et 1 cuil. à soupe d'ocre jaune ; glacis : 3 cuil. à soupe d'ocre jaune et 1/2 cuil. à soupe de Sienne naturelle, pour un aspect typiquement italien.

❸ ROSE SUR NACRE
2 cuil. à soupe d'ombre brûlée, 1 cuil. à soupe de Sienne naturelle et 1/2 cuil. à soupe d'ocre jaune pour le fond ; 2 cuil. à soupe de rouge de cadmium, 1 cuil. à soupe de blanc de titane et 1/2 cuil. à soupe d'ombre brûlée pour le glacis, retiré au chiffon.

❹ TERRE CUITE SUR SABLE
Cet effet puissant est créé par retrait et application au chiffon. Fond : 2 cuil. à soupe d'ocre jaune et 1 1/2 cuil. à soupe d'oxyde rouge ; glacis : 2 cuil. à soupe d'ocre jaune, 2 cuil. à soupe d'oxyde rouge et 1/2 cuil. à soupe d'ombre naturelle.

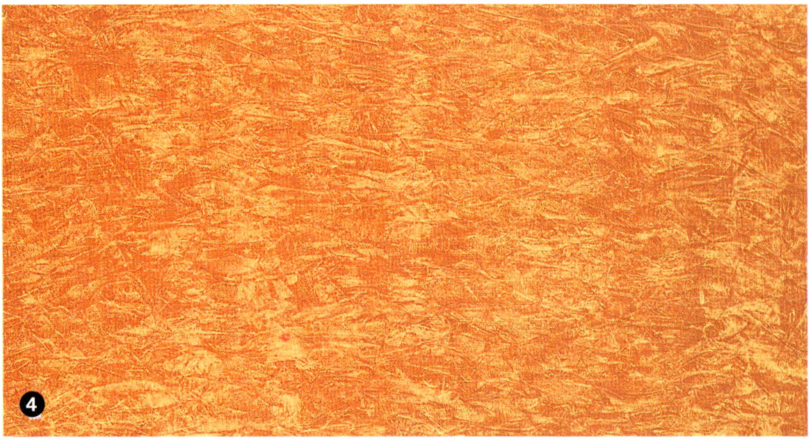

❺ BLEU-VERT SUR VERT
Le fond est coloré avec 2 cuil. à soupe de vert Guignet et 1/2 cuil. à soupe de bleu de cobalt ; le glacis avec 3 cuil. à soupe de vert Guignet, 1 cuil. à soupe de bleu de cobalt et 1 cuil. à café d'ombre naturelle. Technique du retrait seule.

❻ MYRTILLE SUR LILAS
Le fond est une émulsion myrtille prête à l'emploi et le ton lilas est un mélange de 2 cuil. à soupe de lilas foncé et 1 cuil. à soupe de blanc de titane. Ici, le glacis est plus pâle que le fond, donnant un effet très moderne.

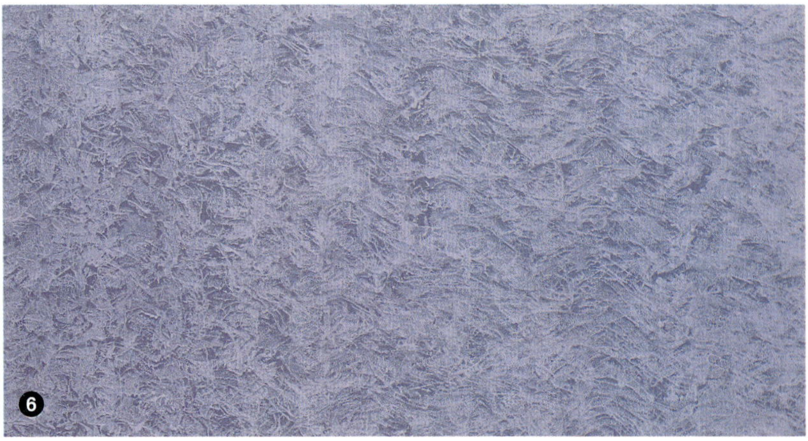

Mettez les gants et gardez-les jusqu'à la fin de cette étape. Roulez le chiffon, pliez-le en deux et, en tenant les deux extrémités dans une main, tordez-le en boudin.

4 En le tenant fermement à une extrémité, faites rouler le chiffon sur le glacis, en travaillant de haut en bas en bandes verticales de la largeur du chiffon (p. 36). Rincez et roulez le chiffon régulièrement. Continuez à travailler de haut en bas, en superposant les bandes sur 1 cm pour que le motif ne soit

pas trop régulier. Ne retravaillez pas les surfaces, ou vous gâcheriez l'effet final. Laissez sécher (2 h).

Cette chaleureuse cuisine de ferme a été « chiffonnée » dans des tons d'ocre doux, teinte idéale pour renforcer l'atmosphère ancienne et rustique de la pièce. Par sa résistance, cette finition constitue également un excellent choix. Le lambrequin « cousu main » entre le mur et le plafond est une finition originale tout à fait appropriée.

Deuxième glacis

1 Versez un peu de la seconde moitié du glacis dans le bac à peinture. (Une petite quantité à la fois pour ne pas surcharger le chiffon.)

2 Mettez les gants, trempez un chiffon dans le glacis et essorez. Roulez-le en forme de boudin (voir ci-contre).

3 En suivant les instructions de l'étape 4 du premier glacis, roulez le glacis sur la première couche. Imbibez de nouveau le chiffon lorsque la peinture devient trop claire. Travaillez aussi régulièrement que possible et ne faites pas se chevaucher les bandes sur plus de 1 cm. Laissez sécher (2 h).

Note Appliquez une ou deux couches de vernis pour protéger la surface, en laissant sécher chaque couche 2-3 h.

LISSAGE

Élaboré au XVIIIe siècle, le lissage procède des techniques de veinage du bois. Un glacis transparent est étendu sur une couche de fond, puis une brosse à longs poils est passée de haut en bas pour révéler la couleur du fond sous une série de fines rayures. Matériau traditionnel, la peinture à l'huile reste aujourd'hui le meilleur choix : séchant moins vite que les produits à l'eau, elle allonge le temps de travail et donne des couleurs plus intenses. Réservez cette technique aux surfaces lisses, car les bosses et aspérités gâchent l'effet de verticalité.

RECETTE DE BASE (À L'HUILE) – BLEU FONCÉ SUR BLANC

INGRÉDIENTS

Couche de fond ▸ 1 litre de peinture coquille d'œuf blanche (sans odeur)
Glacis ▸ 500 ml de glacis à l'huile transparent prêt à l'emploi / 2 cuil. à soupe de couleur à l'huile bleu outremer / 1 cuil. à soupe de bleu de Prusse / 1/2 cuil. à café d'ocre jaune / 150 ml de white-spirit
Couche protectrice ▸ 1 litre de vernis à l'huile mat incolore

MATÉRIEL

2 brosses ordinaires de 75 mm ou 1 rouleau avec bac / 1 seau à peinture / gants jetables / 1 queue à battre ou brosse plate à longs poils de 75 mm / chiffons / laine d'acier (facultatif) / 1 brosse ordinaire de 50 mm

INSTRUCTIONS

TRAVAILLEZ TOUJOURS DANS UN LIEU BIEN AÉRÉ

Couche de fond

Mélangez bien la peinture coquille d'œuf et appliquez-la uniformément (p. 34) sur la surface préparée, avec une brosse ordinaire de 75 mm (ou le rouleau). Laissez sécher (24 h).

Glacis

1 Versez le glacis dans le seau. Ajoutez le bleu outremer, le bleu de Prusse, l'ocre jaune, et mélangez bien.
2 Ajoutez peu à peu le white-spirit en remuant, jusqu'à ce que le glacis prenne une consistance laiteuse.
3 Avec une brosse ordinaire de 75 mm (ou le rouleau), appliquez sur le fond en travaillant horizontalement et verticalement pour obtenir une texture uniforme.
4 Mettez les gants et gardez-les jusqu'à la fin de cette étape. Depuis le haut du mur, lissez jusqu'en bas en un mouvement continu (p. 35) avec la queue à battre ou la brosse à longs poils. Essuyez la brosse sur un chiffon. Entamez une autre bande bien verticale.
Pour un effet plus marqué, effectuez deux passages sur chaque bande ou répétez l'opération lorsque tout le mur est lissé ; ou encore, relissez à la laine d'acier (p. 35). (Essuyez la laine d'acier après chaque passage.) Laissez sécher (24 h).

Couche protectrice

Appliquez une couche de vernis à l'huile mat à l'aide de la brosse de 50 mm.

❶ BLEU FONCÉ SUR BLANC et BLEU PÂLE SUR OUTREMER
La partie supérieure illustre le coloris et la méthode utilisés dans la recette de base. La partie inférieure semble identique, mais emploie des couleurs différentes. Le fond est une peinture coquille d'œuf bleu outremer prête à l'emploi, et le glacis est coloré avec un mélange de 2 cuil. à soupe de blanc de titane et 1/4 de cuil. à café de bleu outremer. Il a été lissé et relissé trois ou quatre fois à la laine d'acier. La bordure est réalisée avec une coquille d'œuf teintée.

2 OCRE SUR PIERRE
Glacis pâle lissé sur fond plus foncé pour une version moderne. Le glacis, coloré avec 2 cuil. à soupe d'ocre jaune et 1 cuil. à soupe d'ombre naturelle, est appliqué sur un fond coloré avec 2 cuil. à soupe d'ocre jaune.

3 ROSE PÂLE SUR TERRE CUITE
Coloris pâle sur fond foncé. Fond : 2 cuil. à soupe d'ocre jaune et 1 cuil. à soupe d'oxyde rouge ; glacis : 2 cuil. à soupe de blanc de titane, 1/2 cuil. à soupe de rouge de cadmium et 1/2 cuil. à café de bleu de cobalt.

4 ROUGE FONCÉ SUR BLEU-VERT
Fond : 1 cuil. à soupe de vert Guignet et 1 cuil. à soupe de bleu de cobalt ; glacis : 1 cuil. à soupe de rouge de cadmium, 1/2 cuil. à soupe d'oxyde rouge et 1/2 cuil. à soupe d'ombre brûlée.

5 VERT D'EAU SUR BLANC
Une peinture coquille d'œuf blanc pur a été choisie pour le fond, et le glacis est coloré avec 2 cuil. à soupe de vert Guignet et 2 cuil. à soupe de bleu de cobalt.

POCHAGE

Le pochage consiste à créer une finition mate finement texturée : effectué sur un glacis, il permet de révéler la couleur du fond. Une surface bien préparée est essentielle, car la technique accentue toute imperfection, et les peintures à l'huile sont préférables. Ayez également la main ferme ; les brosses à pocher donnent les meilleurs résultats, mais les brosses à patine (ou à chaussures) constituent un substitut économique. Cet élégant fini ajoute une subtile patine à une pièce, mais s'adapte également aux boiseries, meubles et cadres.

RECETTE DE BASE (À L'HUILE) – ROUGE SUR ROUGE

INGRÉDIENTS

Couche de fond ▸ 1 litre de peinture coquille d'œuf prête à l'emploi rouge foncé (sans odeur)
Glacis ▸ 500 ml de glacis à l'huile transparent prêt à l'emploi / 3 cuil. à soupe de couleur à l'huile rouge de cadmium / 1/2 cuil. à soupe d'ombre naturelle / 1 cuil. à soupe d'huile de lin / 150 ml de white-spirit
Couche protectrice ▸ 1 litre de vernis à l'huile mat incolore

MATÉRIEL

2 brosses ordinaires de 75 mm ou 1 rouleau avec bac / 1 seau à peinture / gants jetables / 1 brosse à pocher ou à patine / chiffons / 1 brosse ordinaire de 50 mm

INSTRUCTIONS

TRAVAILLEZ TOUJOURS DANS UN LIEU BIEN AÉRÉ

Couche de fond

Mélangez bien la coquille d'œuf et appliquez-la uniformément (p. 34) sur la surface préparée, avec une brosse ordinaire de 75 mm (ou le rouleau). Laissez sécher (24 h).

Glacis

1 Versez le glacis dans le seau. Ajoutez le rouge de cadmium, l'ombre naturelle, et mélangez bien.
2 Ajoutez l'huile de lin et un peu de white-spirit ; mélangez. Sans cesser de remuer, rajoutez du white-spirit jusqu'à obtention d'une consistance laiteuse mais pas trop liquide.
3 Avec l'autre brosse de 75 mm (ou le rouleau propre), appliquez à coups horizontaux et verticaux pour obtenir un aspect uniforme, en recouvrant entièrement le fond. Si vous utilisez une brosse, passez-en rapidement l'extrémité sur le glacis pour effacer les marques (p. 34).
4 Mettez les gants et gardez-les jusqu'à la fin de cette étape. Passez la brosse à pocher ou à patine sur la surface en tamponnant légèrement (p. 35). Essuyez les gouttes avec un chiffon. Un travail du poignet plutôt que du bras fatigue moins et donne un effet plus doux. Variez la finition en modifiant l'angle de la brosse de temps à autre. Laissez sécher complètement (24 h).

Couche protectrice

Appliquez une couche de vernis avec la brosse de 50 mm.

❶ **ROUGE SUR ROUGE**
Recette de base : le glacis rouge foncé paraît plus intense contre les mouchetures du fond. Le résultat est à la fois subtil et spectaculaire.

❷ **VERT SUR VERT**
Fond : colorez 1 litre de coquille d'œuf blanche avec 1 1/2 cuil. à soupe de vert de vessie. Le glacis est coloré avec 1 1/2 cuil. à soupe de vert de vessie et 1 cuil. à soupe de blanc de titane. Finition idéale pour une salle de bains.

❸ **VERT PROFOND SUR PIERRE**
Fond : colorez 1 litre de coquille d'œuf blanche avec 2 cuil. à soupe d'ocre jaune et 1/2 cuil. à soupe de Sienne naturelle. Le glacis est coloré avec 2 cuil. à soupe de vert de vessie et 1/2 cuil. à soupe d'ombre naturelle. Ces tons vont bien dans un intérieur ancien.

❹ **JAUNE SUR OCRE JAUNE**
Un coloris audacieux pour un intérieur moderne : colorez 1 litre de coquille d'œuf blanche avec 2 cuil. à soupe d'ocre jaune pour le fond ; le glacis est coloré avec 3 cuil. à soupe d'ocre jaune et 1/2 cuil. à soupe de jaune de cadmium.

POCHAGE À L'EAU

Appliquez deux couches d'émulsion rouge foncé prête à l'emploi. Laissez sécher (2-3 h). Préparez un glacis avec les mêmes quantités que la recette de base, mais en employant du glacis acrylique et des couleurs acryliques, et en remplaçant l'huile de lin et le white-spirit par de l'eau. Appliquez le glacis, et travaillez-le comme dans la recette de base. Laissez sécher (2-3 h) et appliquez une couche de vernis mat ou satiné. Tâchez de travailler rapidement car les produits à base d'eau sèchent vite.

À droite : les murs de cette cuisine rustique ont été peints à l'éponge et les portes du placard, lissées (pp. 56 et 62). Une couche finale de vernis protège efficacement le bois. Le lissage est une bonne technique pour décorer des placards : les coups de brosse sont plus courts et plus faciles à contrôler.

À gauche : des murs bleus peints à l'éponge (p. 56) forment un fond clair pour cette ravissante chambre où se mêlent antiquités, meubles modernes et objets d'art.

La bordure simple peinte à la main en bleu et gris est une façon plaisante d'atténuer la juxtaposition souvent maladroite d'un mur joliment peint et d'un plafond uni.

Ci-dessus : les pans de mur au-dessus de la moulure sont ornés d'un motif de damier au pochoir (p. 187) exécuté en tons vert olive sur fond olive pâle.

À gauche : ici, les murs sont décorés d'un mélange subtil de badigeons à la couleur et à la chaux (pp. 52 et 68).

BADIGEON À L'HUILE

Le badigeon à la chaux constituait la peinture d'extérieur du Moyen Âge. J'ai conçu cette technique imitant la chaux bien brossée avec des émulsions modernes sur un fond coloré. La méthode est simple et le temps de séchage relativement court. Toutefois, le travail pour révéler la couleur de fond est assez ardu ; plus vous frotterez, plus la surface paraîtra authentique. Cette finition s'accorde aussi bien aux intérieurs anciens que modernes. Cuisines et débarras s'y prêtent bien, mais salles de bains et chambres s'en accommoderont tout autant.

RECETTE DE BASE – CHAUX SUR ROSE PLÂTRE

INGRÉDIENTS

Couche de fond ▶ 1 litre d'émulsion vinylique mate blanche / 2 cuil. à soupe de couleur acrylique rouge de Venise / 1 cuil. à soupe d'ocre jaune / 1/2 cuil. à soupe de Sienne naturelle
Badigeon ▶ 1 litre d'émulsion vinylique mate blanche
Finition patinée ▶ 250 ml d'alcool à brûler
Couche protectrice facultative ▶ 250 ml de cire à céruser

MATÉRIEL

1 seau à peinture / 2 brosses à émulsion de 75 mm / chiffons / masque protecteur / gants jetables / chiffon doux à polir (facultatif)

INSTRUCTIONS

Couche de fond

1 Versez l'émulsion dans le seau. Ajoutez le rouge de Venise, l'ocre jaune, la Sienne naturelle, et mélangez bien.
2 Appliquez sur la surface préparée en mouvements irréguliers (p. 34). Laissez sécher (2-3 h).

Badigeon

1 Mélangez bien l'émulsion. Trempez l'extrémité de la deuxième brosse dans la peinture et essuyez l'excès sur un chiffon.
2 D'un mouvement lâche du poignet, passez la peinture sur le fond. Rechargez la brosse, en essuyant l'excès, et répétez. Ne cherchez pas l'uniformité, et laissez le fond apparaître par endroits. Pour plus de texture, appliquez plusieurs couches de peinture. Laissez sécher (2-3 h).

Finition patinée

Mettez le masque et les gants. Trempez un chiffon dans de l'alcool à brûler et frottez-le vigoureusement sur la surface sèche, en insistant sur certains endroits pour obtenir un effet irrégulier. La peinture commencera à se dissoudre, donnant un aspect nuageux et patiné. Laissez sécher (4 h).

Note Pour augmenter l'aspect patiné, utilisez un chiffon imbibé de cire à céruser sur certains endroits. Polissez ensuite au chiffon doux. (La cire sert également d'enduit protecteur.)
Usage extérieur Terminez par deux couches de vernis polyuréthanne mat.

❶ CHAUX SUR ROSE PLÂTRE
Recette de base : ces couleurs évoquent l'aspect traditionnel du badigeon à la chaux, passé sur un mur de plâtre nu. Cet effet rustique convient tout à fait aux cuisines de campagne, la finition étant suffisamment résistante.

2 CHAUX SUR JAUNE
Ici, la couche de fond est teintée de 3 cuil. à soupe de jaune de cadmium ; le badigeon blanc appliqué par-dessus donne un effet lumineux idéal dans une véranda ou un jardin d'hiver.

3 CHAUX SUR LILAS
Coloris contemporain, éventuellement pour une salle de bains. La couche de fond, une émulsion lilas foncé prête à l'emploi,est ici recouverte de badigeon à la chaux.

4 CHAUX SUR VERT NIL
Le fond est coloré avec 2 cuil. à soupe de vert de chrome et 1 cuil. à soupe d'ocre jaune, puis couvert de badigeon à la chaux.

PEINTURE À LA BROSSE

Ici, le glacis est appliqué sur le fond à la brosse presque sèche afin d'obtenir un fini nuageux. J'ai utilisé un fond blanc à chaque fois, mais l'effet décoratif est tout aussi intéressant sur une base colorée ou plus foncée que le glacis. Des tons doux et des tracés légers donnent un aspect délicat, tandis que des couleurs vives et des brosses à poils durs créent un effet vigoureux. Ce procédé simple donne de la texture aux intérieurs modernes et confère un aspect patiné à un cadre ancien (on l'utilise d'ailleurs pour vieillir les décors de scène). C'est une technique idéale pour souligner les moulures et, grâce à son extrême résistance, pour peindre les meubles.

RECETTE DE BASE – BLEU FONCÉ SUR BLANC

INGRÉDIENTS

Couche de fond ▶ 1 litre d'émulsion vinylique mate blanche

Glacis ▶ 250 ml d'émulsion vinylique mate blanche / 250 ml de glacis acrylique transparent / 3 cuil. à soupe de couleur acrylique bleu outremer / 1 cuil. à soupe de gris neutre / 125 ml d'eau

Couche protectrice facultative ▶ 1 litre de vernis acrylique incolore, mat ou satiné

MATÉRIEL

1 brosse à émulsion de 75 mm ou 1 rouleau avec bac / 1 seau à peinture / 1 brosse à poils durs de 50 mm / 1 vieille planche de bois / 1 brosse à vernis de 50 mm (facultatif)

INSTRUCTIONS

Couche de fond

Mélangez bien l'émulsion et appliquez-la uniformément (p. 34) sur la surface préparée, avec la brosse de 75 mm (ou le rouleau). Laissez sécher (2-3 h).

Glacis

1 Versez l'émulsion dans le seau. Ajoutez le glacis acrylique, les couleurs et l'eau (peu à peu), en remuant bien.

2 Trempez l'extrémité de la brosse à poils durs dans le glacis et ôtez l'excès sur la planche de bois. Par petits coups irréguliers, appliquez sur la base (p. 34). Rechargez la brosse lorsque le glacis s'éclaircit, en laissant apparaître le fond par endroits. Laissez sécher (2 h).

Note Pour plus d'intensité, passez une deuxième couche de glacis lorsque la première est sèche. Protégez la finition avec une couche de vernis et laissez sécher (2-3 h).

Usage extérieur Préparez le glacis avec de la peinture d'extérieur lisse et terminez par deux couches de vernis polyuréthanne.

Ci-dessus à gauche : ce mur a été peint à la brosse sèche en plusieurs tons pour un fini plein de caractère. Une première couche de gesso et une couche finale de vernis ajoutent à l'effet patiné. Le mélange intéressant de trois couches de glacis – vert, lilas et violet – appliquées en taches irrégulières fondues, crée un effet moderne qui traduit un certain éclectisme.

❶ BLEU FONCÉ SUR BLANC
Coloris de la recette de base : ce ravissant « bleu salle de bains » a été appliqué à la brosse sèche en une seule couche.

❷ JAUNE SUR BLANC
Le glacis vif est coloré avec 2 cuil. à soupe de jaune de cadmium et 1/2 cuil. à soupe de rouge vermillon. Ce coloris gai et ensoleillé siérait à la salle de séjour ou la salle à manger d'une maison ancienne ou moderne.

❸ ROSE PÊCHE SUR BLANC
Le glacis a été coloré avec 2 cuil. à soupe de laque de garance rose, 1 cuil. à soupe de blanc de titane et 1/2 cuil. à café de jaune de cadmium, pour un effet doux et féminin parfait dans une chambre.

❹ VERT VIF SUR BLANC
Ce glacis éclatant est coloré avec 2 cuil. à soupe de vert de chrome et 1 cuil. à soupe de jaune de cadmium. Ce ton conviendrait tout à fait à une cuisine ou une salle de bains, et serait idéal dans une véranda.

TONS FONDUS

Cette technique qui procède du badigeon est souvent adoptée par les peintres de scène. Je l'utilise moi-même pour modifier le volume d'une pièce. On peut par exemple « rabaisser » un plafond haut en étendant un ton plus foncé de la couleur choisie en haut du mur ; inversement, un ton plus foncé près du sol donne une impression de hauteur. Les tons fondus conviennent bien aux surfaces abîmées, pourvu qu'elles soient bien préparées. Avant de commencer, déterminez les plages claires ou foncées et peignez chaque mur de la même façon pour obtenir un résultat homogène. Les couleurs pastel sont les plus appropriées, et la couleur mère doit être pâle afin de pouvoir créer un contraste efficace.

RECETTE DE BASE – GRIS FONCÉ SUR GRIS PERLE

INGRÉDIENTS

Couche de fond ▸ 1 litre d'émulsion vinylique satinée blanche / 2 cuil. à soupe de couleur acrylique gris neutre / 1/2 cuil. à soupe d'ocre jaune

Glacis foncé ▸ 250 ml d'émulsion vinylique satinée blanche / 125 ml de glacis acrylique / 3 cuil. à soupe de couleur acrylique ombre brûlée / 2 cuil. à soupe de gris neutre / 150 ml d'eau

Glacis clair ▸ 250 ml d'émulsion vinylique satinée blanche / 125 ml de glacis acrylique transparent / 3 cuil. à soupe de couleur acrylique gris de Payne / 150 ml d'eau

Couche protectrice facultative ▸ 1 litre de vernis acrylique mat incolore

MATÉRIEL

3 seaux à peinture / 1 brosse à émulsion de 75 mm ou 1 rouleau avec bac / 3 brosses à émulsion de 50 mm / chiffons / 1 brosse à vernis de 50 mm (facultatif)

INSTRUCTIONS

Couche de fond

1 Versez l'émulsion dans un seau. Ajoutez le gris neutre, l'ocre jaune, et mélangez bien.

2 Appliquez une couche uniforme (p. 34) sur la surface préparée, avec la brosse de 75 mm (ou le rouleau). Laissez sécher complètement (2-3 h).

Glacis

1 Pour préparer le glacis foncé : versez l'émulsion dans un autre seau, ajoutez le glacis acrylique, l'ombre brûlée, le gris neutre et l'eau (peu à peu) ; mélangez bien.

2 Pour préparer le glacis clair : versez l'émulsion dans le troisième seau, ajoutez le glacis acrylique, le gris de Payne et l'eau (peu à peu) ; mélangez bien.

3 Avec une brosse de 50 mm, appliquez le glacis foncé verticalement sur les 45 cm supérieurs du mur, en laissant transparaître le fond.

4 Appliquez le glacis clair sur la surface restante avec une autre brosse de 50 mm, avec les mêmes mouvements verticaux.

5 À l'aide de la troisième brosse de 50 mm, effleurez la surface de petits coups entrecroisés, en fondant les deux glacis l'un dans l'autre. Essuyez l'excès de peinture sur un chiffon. Ne travaillez qu'une surface de 1 m^2 à la fois, jusqu'à ce que vous obteniez l'effet voulu. Laissez sécher (2-3 h).

Note Pour une meilleure protection, appliquez une couche de vernis et laissez sécher (2-3 h).

❶ GRIS FONCÉ SUR GRIS PERLE
Recette de base : le ton foncé couvre environ 45 cm de la partie supérieure du mur, puis laisse place au ton plus clair. Dans ces coloris, l'effet rendu est classique.

❷ JAUNE PÂLE SUR JAUNE FONCÉ
Ici, la technique est inversée : le ton foncé est appliqué près du sol, pour ajouter de la hauteur et de la profondeur à la pièce. Le fond est coloré avec 2 cuil. à soupe d'ocre jaune ; le glacis clair avec 2 cuil. à soupe d'ocre jaune et 1 cuil. à soupe de Sienne naturelle ; pour le glacis foncé, on a simplement ajouté 1 1/2 cuil. à soupe d'ombre brûlée au mélange du glacis clair.

LISSAGE À L'EAU

Le lissage à l'eau est une variante plus douce et plus souple du lissage classique que j'ai élaborée en étudiant les peintures anciennes des châteaux du XVIIIe siècle et du début du XIXe siècle. La préparation, à base de peintures à l'eau, sèche beaucoup plus vite que le lissage à l'huile (p. 62), en donnant des résultats tout aussi satisfaisants. Le procédé étant plus facile à maîtriser, vous pouvez étendre le glacis verticalement, mais aussi horizontalement ou en diagonale, ce qui permet de varier les effets. Le seul outil particulier consiste en une brosse à émulsion large, bien meilleur marché que la queue à battre. L'autre avantage du lissage à l'eau est qu'il convient aux surfaces inégales. Le glacis à l'eau est en effet plus dilué et les effets moins précis, de sorte que les imperfections mineures n'apparaissent pas. Toutefois, il faut au préalable boucher les fissures et les trous pour éviter que la peinture ne s'y amasse. Très résistante, cette finition peut également s'appliquer aux meubles.

Cette pièce a été lissée à l'eau dans un vert tendre, pour donner une impression de hauteur. Bien qu'élaborée sur un procédé ancien, cette technique s'adapte à tous les intérieurs modernes.

RECETTE DE BASE – VERT FONCÉ SUR VERT MENTHE

INGRÉDIENTS

Couche de fond ▸ 1 litre d'émulsion vinylique mate blanche / 2 cuil. à soupe de couleur acrylique vert Guignet / 1 cuil. à soupe de vert brillant

Glacis ▸ 500 ml d'émulsion vinylique mate blanche / 250 ml de glacis acrylique transparent / 2 cuil. à soupe de couleur acrylique vert Guignet / 2 cuil. à soupe de vert oxyde de chrome / 1 cuil. à soupe de vert émeraude / 300 ml d'eau

Couche protectrice facultative ▸ 1 litre de vernis acrylique incolore, mat ou satiné

MATÉRIEL

2 seaux à peinture / 1 brosse à émulsion de 75 mm ou 1 rouleau avec bac / 1 brosse à émulsion à poils longs de 125 mm / chiffons / 1 brosse à vernis de 50 mm (facultatif)

INSTRUCTIONS

Couche de fond

1 Versez l'émulsion dans un seau. Ajoutez les verts Guignet et brillant, et mélangez bien.

2 Appliquez uniformément (p. 34) sur la surface préparée, avec la brosse de 75 mm (ou le rouleau). Laissez sécher (2-3 h).

Glacis

1 Versez l'émulsion dans l'autre seau. Ajoutez le glacis acrylique, les verts Guignet, oxyde de chrome et émeraude et l'eau (peu à peu) ; remuez bien.

2 Chargez la brosse de 125 mm de glacis et appliquez sur le fond, en une série de mouvements continus de haut en bas et se chevauchant légèrement.

3 Avec la même brosse, travaillez la surface jusqu'à ce que de fines rayures apparaissent sur le glacis. Essuyez les gouttes avec un chiffon. Laissez sécher (2 h).

Note Pour une finition résistante, appliquez une couche de vernis et laissez sécher (2-3 h).

1 VERT FONCÉ SUR VERT MENTHE Ce coloris est appliqué en diagonale pour un effet original. L'aspect est et libre sans être négligé.

2 PIERRE SUR BLEU Ici, un glacis pâle a été appliqué horizontalement sur un fond d'émulsion bleu foncé. Le glacis est coloré avec 2 cuil. à soupe de blanc de titane, 1/2 cuil. à soupe de Sienne naturelle et 1/2 cuil. à soupe d'ocre jaune.

3 ROSE PÂLE SUR ROUGE Ce tracé vertical rappelle le lissage à l'huile classique. Le glacis, coloré avec 2 cuil. à soupe de blanc de titane, 2 cuil. à soupe de rouge de cadmium et 1/2 cuil. à soupe de laque de garance rose, est étendu sur une émulsion rouge foncé.

FRESQUE SIMPLE

Cet effet décoratif évoque les fresques italiennes médiévales, lesquelles reposaient sur une technique de couleurs à l'eau appliquées sur du plâtre frais. Fort heureusement, ma recette ne vaut pas uniquement pour des murs fraîchement plâtrés ; plus authentique avec des coloris imités de la véritable fresque, elle est parfaite pour les murs et les plafonds et suffisamment résistante pour les cuisines et les salles de bains. Cette finition constitue une excellente façon de vieillir des intérieurs neufs et offre une toile de fond idéale aux pochoirs. Les moulures en plâtre et autres ornements s'y prêtent bien et vous pourrez réaliser des miracles avec de vieux meubles et cadres.

RECETTE DE BASE – TERRE CUITE SUR CORAIL

INGRÉDIENTS

Couche de fond ▸ 1 litre d'émulsion vinylique mate blanche / 2 cuil. à soupe de couleur acrylique rouge de Venise / 1/2 cuil. à soupe de Sienne naturelle

Glacis ▸ 500 ml d'émulsion vinylique mate blanche / 250 ml de glacis acrylique transparent / 2 cuil. à soupe de couleur acrylique ocre bronze / 2 cuil. à soupe de Sienne naturelle / 1/2 cuil. à soupe de rouge de Venise / 250 ml d'eau

Finition patinée ▸ 1 pot de 500 ml de cire à céruser / 50 g de blanc de Meudon

MATÉRIEL

2 seaux à peinture / 1 brosse à émulsion de 75 mm / 1 brosse à poils durs de 50 mm / gants jetables / chiffons / eau pour humidifier les chiffons / papier de verre à grain moyen

INSTRUCTIONS

Couche de fond

1 Versez l'émulsion dans un seau. Ajoutez le rouge de Venise, la Sienne naturelle, et mélangez bien.

2 Avec la brosse à émulsion, appliquez sur la surface préparée en mouvements irréguliers (p. 34). Laissez sécher (2-3 h).

Glacis

1 Versez l'émulsion dans l'autre seau. Ajoutez le glacis acrylique, l'ocre bronze, la Sienne naturelle et l'eau (peu à peu) ; mélangez bien.

2 Appliquez sur le fond avec la brosse à poils durs. Donnez des coups en tous sens, d'un mouvement irrégulier.

3 Mettez les gants et gardez-les pour les étapes suivantes. Trempez un chiffon dans de l'eau et essorez-le à fond. Utilisez-le pour frotter le glacis sur la couche de fond d'un geste circulaire, en variant les effets autant que possible. Laissez sécher (1 h).

Finition patinée

1 Poncez la surface au papier de verre par endroits pour retirer une partie de la peinture.

Ci-dessus à gauche : ici, la technique de la fresque simple a été appliquée sur un moulage en plâtre de Dante, dans le coloris terre cuite sur corail de la recette de base. Notez l'effet patiné créé par le blanc de Meudon.

2 Passez de la cire à céruser sur d'autres parties du mur avec un chiffon propre, puis, avec un autre chiffon, incorporez rapidement du blanc de Meudon pour créer un effet poudreux.

Note Pour plus d'intensité, répétez les étapes du glacis et du ponçage avant de commencer l'étape 2 de la finition.
Usage extérieur Utilisez de la peinture d'extérieur lisse pour la couche de fond et terminez par deux couches de vernis polyuréthanne mat.

❶ TERRE CUITE SUR CORAIL
Sur une surface plane, ce coloris classique semble gagner en intensité.

❷ BLEU DE COBALT SUR PIERRE
Fond : 1 cuil. à soupe de Sienne naturelle et 1 cuil. à soupe d'ombre brûlée ; glacis : 3 cuil. à soupe de bleu de cobalt et 1 cuil. à soupe de bleu de Prusse pour une couleur typique des fresques médiévales.

❸ VERT SUR PIERRE
Cette variante ensoleillée est réalisée avec un fond similaire au précédent et un glacis coloré avec 3 cuil. à soupe de vert vif et 1 cuil. à soupe d'ocre jaune.

❹ ROSE SAUMON SUR PIERRE
Autre variante, pour pièces anciennes ou modernes. Le fond pierre de l'exemple 2 adoucit le glacis teinté de 2 cuil. à soupe de laque de garance rose, 1/2 cuil. à soupe de blanc de titane et 1/2 cuil. à café d'ocre jaune.

PALETTE MÉDITERRANÉENNE

Évoquez la Méditerranée et laissez-vous envahir par ces images ensoleillées de maisons aux couleurs crayeuses. Les procédés sont vieux de plusieurs siècles, certains typiques d'une région ou d'un pays particulier. Les régions pauvres sont parfois contraintes de diluer la peinture pour l'économiser, et d'utiliser des poudres de lait et de craie en complément des précieux pigments. Ainsi, l'extraordinaire intensité de couleurs que l'on associe à ces contrées est souvent due à une succession de couches de peinture protectrices. J'ai conçu cette technique pour retrouver l'aspect et les couleurs de la palette méditerranéenne. Des coups de pinceau irréguliers et un frottage vigoureux en recréent la texture et les coloris. Elle peut s'utiliser sur de nombreuses surfaces, mais convient plus particulièrement aux plâtres grossiers, et, pourquoi pas, à un simple meuble de bois.

RECETTE DE BASE – VERT VÉNITIEN

INGRÉDIENTS

Gesso ▸ 1 litre de gesso acrylique blanc
Couche de fond ▸ 1 litre d'émulsion vinylique mate blanche
Glacis ▸ 500 ml d'émulsion vinylique mate blanche / 500 ml de glacis acrylique transparent / 2 cuil. à soupe de couleur acrylique vert émeraude / 2 cuil. à soupe de vert brillant / 1 cuil. à soupe de vert de cobalt / env. 200 ml d'eau
Couche protectrice facultative ▸ 1 litre de vernis acrylique mat incolore

MATÉRIEL

3 brosses à émulsion de 75 mm / 1 seau à peinture / gants jetables / chiffons / 1 brosse à vernis de 50 mm (facultatif)

INSTRUCTIONS

Gesso

Mélangez bien le gesso acrylique et appliquez sur toute la surface préparée en mouvements irréguliers (p. 34) pour créer une texture solide. Laissez sécher (1 h).

Couche de fond

Mélangez bien l'émulsion et étendez une couche uniforme (p. 34) sur le gesso. Laissez sécher (2-3 h).

Glacis

1 Versez l'émulsion dans le seau. Ajoutez le glacis acrylique, les verts émeraude, brillant et de cobalt, et l'eau (peu à peu). Mélangez jusqu'à ce que vous obteniez une consistance crémeuse mais pas trop liquide.
2 Appliquez la moitié du glacis sur la surface, en tous sens. Essayez de varier l'épaisseur du glacis à certains endroits, et laissez le fond transparaître à d'autres.
3 Mettez les gants. Avec un chiffon, frottez le glacis sur la surface. Pour obtenir un effet rugueux, travaillez certains endroits plus vigoureusement que les autres. Laissez sécher (2-3 h).
4 Avec le reste du glacis, répétez les étapes 2 et 3, puis laissez de nouveau sécher (2-3 h).

Ci-contre : une ravissante cage d'escalier jaune qui semble attirer la lumière du soleil. Le jaune est une couleur très prisée dans les intérieurs espagnols, italiens et français. Dans une véranda, elle s'alliera parfaitement au feuillage des plantes.

PALETTE MÉDITERRANÉENNE

❶ VERT VÉNITIEN
Recette de base : une couleur typique des îles de la lagune vénitienne. Le fond blanc de ces exemples ajoute à l'authenticité de l'effet. Ici, cependant, le vert a été légèrement poncé au papier de verre pour mieux révéler le fond.

❷ ORANGE TOSCAN
Cet orange, couleur des façades italiennes, convient aux cuisines. Glacis : 2 cuil. à soupe d'ocre jaune, 1 cuil. à soupe d'ombre naturelle et 1/2 cuil. à soupe de rouge de cadmium.

❸ ROSE PROVENÇAL
Glacis : 3 cuil. à soupe de blanc de titane, 1 1/2 cuil. à soupe de laque de garance rose et 1/2 cuil. à soupe de magenta. Pour une chambre ou une salle de bains.

❹ BLEU ÉGÉEN
Cet intense bleu grec est réalisé avec 2 cuil. à soupe de bleu outremer et 1 cuil. à soupe de bleu de cobalt. Idéal pour une salle de bains moderne.

Note Cette finition gagne à être travaillée. Répétez l'étape du glacis pour rehausser la couleur, tout en laissant paraître le fond. L'application à la brosse sèche (p. 70) peut ajouter une touche intéressante, de même qu'un ponçage léger du glacis sec au papier de verre moyen. Le glacis et le gesso forment une finition résistante, mais pour plus de protection, passez une couche de vernis et laissez sécher (2-3 h).

Usage extérieur Utilisez de la peinture d'extérieur pour la couche de fond et terminez par deux couches de vernis polyuréthanne mat.

PALETTE ÉGYPTIENNE

Ce procédé décoratif cherche à recréer les remarquables effets de peinture des temples et des tombes de l'Égypte antique. Les artisans qui produisaient ces tons de terre et d'ocre et ces bleus de cobalt brillant et outremer travaillaient les matériaux les plus simples. L'argile était extraite des rivières et les minéraux précieux tels que le lapis-lazuli, laborieusement concassés à la main et additionnés d'eau. Les couleurs que j'ai utilisées dans ces recettes sont typiques, mais nul besoin de pilons ou de mortiers ! Les procédés de patine donnent du corps et de l'authenticité à des espaces modernes et dépouillés.

RECETTE DE BASE – BLEU LAPIS SUR OCRE

INGRÉDIENTS

Couche de fond ▶ 1 litre d'émulsion vinylique mate blanche / 3 cuil. à soupe de couleur acrylique ocre jaune / 1 cuil. à soupe de Sienne naturelle
Premier glacis ▶ 250 ml d'émulsion vinylique mate blanche / 500 ml de glacis acrylique transparent / 3 cuil. à soupe de couleur acrylique ombre brûlée / 2 cuil. à soupe de rouge de Venise / 2 cuil. à soupe d'ocre jaune / 200 ml d'eau
Deuxième glacis ▶ 500 ml d'émulsion vinylique mate blanche / 4 cuil. à soupe de couleur acrylique bleu outremer / 2 cuil. à soupe de bleu de cobalt / 150 ml d'eau
Finition patinée ▶ 125 ml d'alcool à brûler / 50 g de blanc de Meudon

MATÉRIEL

4 seaux à peinture / 3 brosses à émulsion de 75 mm / 1 brosse large à poils durs, usée / gants jetables / chiffons / eau pour humidifier la surface / papier de verre à grain moyen

INSTRUCTIONS

Couche de fond

1 Versez l'émulsion dans un seau. Ajoutez l'ocre jaune, la Sienne naturelle, et mélangez bien.
2 Avec une brosse à émulsion, appliquez en tous sens sur la surface préparée, en mouvements irréguliers (p. 34), et laissez sécher (2-3 h).

Premier glacis

1 Versez l'émulsion dans un deuxième seau. Ajoutez le glacis acrylique, l'ombre brûlée, le rouge de Venise, l'ocre jaune et l'eau (peu à peu) ; mélangez bien.
2 Appliquez le glacis comme précédemment avec une autre brosse à émulsion, en laissant apparaître le fond par endroits.
3 Passez rapidement la brosse à poils durs sèche sur le glacis (p. 34), en mouvements irréguliers, pour donner de la texture et révéler davantage le fond. Tenez fermement la brosse, mais travaillez légèrement pour ne pas tirer exagérément le glacis. Laissez sécher (1-2 h).

Ci-dessus : j'ai utilisé une émulsion bordeaux foncé prête à l'emploi pour cette irrésistible tête de plâtre, avec un glacis coloré de 2 cuil. à soupe de bleu outremer et 1 cuil. à soupe de bleu de cobalt. Certaines parties ont été poncées pour ajouter de la patine, et du blanc de Meudon rehausse les détails.

❶ BLEU LAPIS SUR OCRE
Une couche de plâtre a été grossièrement étendue sur la surface et une règle de 2,5 cm de large a servi à inciser la décoration dans le plâtre encore frais. La peinture a été appliquée après 24 heures de séchage.

❷ BORDEAUX SUR CORAIL
La couche de fond est une émulsion corail prête à l'emploi, et le glacis est coloré avec 2 cuil. à soupe de rouge de cadmium, 1/2 cuil. à soupe d'ombre brûlée et 1/4 de cuil. à soupe de pourpre de dioxazine. Ce riche effet met en valeur antiquités et objets ethniques.

❸ OCRE SUR SABLE
Des couleurs terre parfaites pour un salon ou une salle à manger : le fond est coloré avec 3 cuil. à soupe d'ocre jaune et 1/2 cuil. à soupe d'oxyde rouge ; le glacis avec 3 cuil. à soupe d'ocre jaune, 1/2 cuil. à soupe d'oxyde rouge et 1/2 cuil. à soupe d'ombre naturelle.

Deuxième glacis

1 Versez l'émulsion dans un troisième seau. Ajoutez les bleus outremer et de cobalt, puis l'eau (peu à peu). Mélangez bien.

2 Trempez l'extrémité de la troisième brosse à émulsion dans la peinture, appliquez sur la surface en tous sens. Il s'agit de passer une couche irrégulière afin de créer un effet « nuageux ». Appliquez la peinture avec insistance à certains endroits, et très légèrement à d'autres. Le fond et le premier glacis doivent apparaître. Laissez sécher (1-2 h). Pour un bleu plus profond, répétez cette étape avant de commencer à patiner la surface, selon la méthode ci-contre.

Finition patinée

1 Mettez les gants et gardez-les tout au long de cette étape. Trempez un chiffon dans de l'alcool à brûler et passez-le sur toute la surface. La peinture commencera à se dissoudre par endroits, laissant un mince film de couleur. Laissez sécher (2-3 h).

2 Mettez le blanc de Meudon dans le quatrième seau. Mouillez la surface avec un chiffon humide et, avec le même chiffon, ajoutez un mince film de blanc de Meudon pour créer un effet crayeux. Laissez sécher (2-3 h).

3 Pour vieillir encore davantage la surface, poncez légèrement certains endroits au papier de verre.

Ces murs ont été peints selon une technique similaire à celle de la recette. La riche couleur oxyde rouge et l'aspect fortement patiné forment une toile de fond idéale aux tentures et aux meubles anciens.

FAUX PLÂTRE

Le faux plâtre peut ajouter du caractère aux moulures en plâtre et autres ornements. Ici, du vert de cadmium rehausse une rose de plafond.

Ce procédé d'imitation, qui évoque de la vieille peinture sur du plâtre brut, serait né dans les cafés français des années 70. En fait, l'effet de couleurs altérées s'obtient à partir d'une émulsion classique, recouverte d'un mélange de blanc de Meudon et de pigments en poudre frotté sur une couche de cire. Vous pouvez adapter cette recette à de subtiles couleurs terre, mais les tons vifs sont très agréables à travailler. Toutefois, faites toujours des essais avant de commencer à peindre, car l'intensité des couleurs peut surprendre. Les colorations par pigment doivent être très soigneusement mélangées ; si vous rajoutez du blanc de Meudon, assurez-vous qu'il ne laisse pas de traces blanches. Les fonds blancs sont préférables, mais les bases colorées peuvent donner un bel effet ; utilisez de la couleur acrylique pour l'émulsion à l'eau. Le faux plâtre s'accorde à tous les intérieurs, et la surface cirée est lavable. Essayez-le sur les ornements de jardin, notamment ceux en plâtre.

RECETTE DE BASE – OUTREMER SUR BLANC

INGRÉDIENTS

Couches de fond ▸ 2 litres d'émulsion vinylique mate blanche
Couche supérieure ▸ 1 tube de cire blanche de 500 ml / 250 g de pigment en poudre bleu outremer / 250 g de blanc de Meudon
Couche protectrice facultative ▸ 1 litre de vernis acrylique mat incolore

MATÉRIEL

1 brosse à émulsion de 75 mm ou 1 rouleau avec bac / chiffons / masque protecteur / petit récipient pour mélanger les pigments / 1 brosse à vernis de 50 mm (facultatif)

INSTRUCTIONS

Couches de fond

Mélangez bien l'émulsion et appliquez-la en deux couches uniformes (p. 34) sur la surface préparée, avec la brosse (ou le rouleau). Laissez sécher chaque couche 2-3 h.

Couche supérieure

1 Avec un chiffon, frottez une couche épaisse mais uniforme de cire sur le fond, en mouvements circulaires.
2 Mettez le masque. Versez le bleu outremer et le blanc de Meudon dans le récipient et mélangez bien.
3 Avec un autre chiffon, frottez rapidement le mélange sur la cire de haut en bas, pour obtenir une couleur altérée proche du plâtre. Laissez sécher complètement (2-3 h).

Note Répétez l'étape de la couche supérieure avec une autre couleur pour varier l'effet. Pour plus de résistance, appliquez une couche de vernis et laissez sécher (2-3 h).
Usage extérieur Ajoutez une couche de cire sur la couche supérieure, et terminez par une couche de vernis polyuréthanne satiné.

❶ OUTREMER SUR BLANC
Recette de base : cette couleur serait idéale dans une salle de bains, où les qualités lavables du faux plâtre sont appréciées.

❷ ROSE SUR BLANC
Trois pigments permettent d'obtenir ce rose intense : 125 g de cramoisi d'alizarine et 100 g de magenta, rehaussés de 25 g de bleu outremer. Suivez la recette de base pour les fonds.

❸ OCRE SUR BLANC
Cet exemple illustre l'utilisation d'ocre jaune pur pour la couche supérieure (même quantité que dans la recette de base). Ce coloris irait à merveille dans un intérieur traditionnel. Le fond est le même que dans la recette de base.

À gauche : lissage à l'eau en rouge sur fond rouge pour un effet grandiose. Cette finition moderne (p. 74), issue de l'art du lissage français du XVIIIe siècle, met en valeur les lourdes portes et les boiseries de cet intérieur d'époque.

Ci-dessus : tons d'ombre et de sable pour un effet de fresque (p. 76). La ligne calligraphiée est une touche personnelle.

À gauche : les murs sont badigeonnés de plusieurs couleurs (p. 52) sur un fond de gesso ; une couche finale de vernis scelle la finition.

À droite : un bel exemple d'effet moderne créé par l'utilisation de pigments très vifs dans une finition faux plâtre (p. 84).

PLÂTRE FROTTÉ

Cette technique illustre une autre façon de vieillir une surface neuve. L'aspect simple et traditionnel s'inspire des murs grossièrement peints des maisons d'artisans de la fin du XIXe et du début du XXe siècle. Par manque de temps et d'argent, les habitants repeignaient en effet souvent par-dessus l'ancienne couleur, n'appliquant qu'une seule couche de peinture, généralement allongée à l'eau ou étendue avec parcimonie.

L'effet est rendu par l'ajout de blanc de Meudon à des glacis contrastés, par l'application irrégulière de la peinture à l'aide de brosses à poils durs et par le ponçage de chaque couleur au papier de verre. Le résultat est comparable, quoique plus doux, à celui du badigeon à la chaux (p. 68), et la combinaison des couleurs pastel donne une certaine profondeur à la surface.

Le plâtre frotté produit un effet changeant et informel qui convient particulièrement aux cuisines. Essayez-le dans une salle de bains où des boiseries badigeonnées encadrent une vieille baignoire en fonte. Cette finition qui doit son charme à son aspect vieillot ne souffrira pas des éventuels mauvais traitements qu'on pourra lui infliger.

RECETTE DE BASE – BLEU-VERT SUR ROSE PÂLE

INGRÉDIENTS

Couche de fond ▸ 1 litre d'émulsion vinylique mate blanche
Première couleur ▸ 250 ml d'émulsion vinylique mate blanche / 125 ml de couleur acrylique laque de garance rose / 100 g de blanc de Meudon / 125 ml d'eau
Deuxième couleur ▸ 250 ml d'émulsion vinylique mate blanche / 4 cuil. à soupe de couleur acrylique bleu turquoise / 2 cuil. à soupe de vert vif / 1 cuil. à soupe de bleu de cobalt / 100 g de blanc de Meudon / 125 ml d'eau
Couche protectrice facultative ▸ 1 litre de vernis acrylique mat incolore

MATÉRIEL

1 brosse à émulsion de 75 mm ou 1 rouleau avec bac / 2 seaux à peinture / 2 brosses à poils durs de 75 mm / gants jetables / papier de verre à grain moyen / 1 brosse à vernis de 50 mm (facultatif)

INSTRUCTIONS

Couche de fond

Mélangez bien l'émulsion et appliquez une couche uniforme (p. 34) sur la surface préparée, avec la brosse à émulsion (ou le rouleau). Laissez sécher (2-3 h).

Première couleur

1 Versez l'émulsion dans un seau et ajoutez la laque de garance rose, le blanc de Meudon et l'eau (peu à peu) ; mélangez bien.
2 Avec une brosse à poils durs, appliquez sur la couche de fond en coups irréguliers (p. 34). Laissez sécher (2-3 h).
3 Mettez les gants et poncez légèrement la surface au papier de verre à grain moyen pour laisser apparaître le fond par endroits.

❶ BLEU-VERT SUR ROSE PÂLE
Recette de base : cette finition subtile a un aspect nuageux des plus charmants. Le coloris siérait tout à fait à une salle de bains ou à une chambre.

❷ VERT PÂLE SUR OLIVE
La première couleur est un vert olive foncé prêt à l'emploi, la deuxième est préparée à partir de 250 ml d'émulsion mate blanche, colorée avec 1 cuil. à soupe de vert Guignet. Suivez la recette de base pour les quantités de blanc de Meudon et d'eau.

❸ BLANC CRÈME SUR JAUNE
Un coloris gai pour une cuisine, une salle de séjour ou une salle à manger : 2 cuil. à soupe de jaune de cadmium colorent la première couleur, 1/2 cuil. à soupe d'ombre naturelle la deuxième.

❹ GRIS CHAUD SUR BLANC
Ce ton très doux convient aux intérieurs modernes et anciens. La première couche est du blanc pur ; la deuxième est colorée avec 2 cuil. à soupe de gris neutre et 1/2 cuil. à soupe d'ocre jaune.

Deuxième couleur

1 Versez l'émulsion dans l'autre seau. Ajoutez le bleu turquoise, le vert, le bleu de cobalt, le blanc de Meudon, et mélangez. Puis ajoutez l'eau (peu à peu) et mélangez bien.

2 Avec l'autre brosse à poils durs, appliquez sur la première couleur en coups irréguliers. Laissez sécher (2-3 h).

3 Poncez vigoureusement la surface au papier de verre, pour révéler la première couleur et le fond par endroits.

Note Pour plus de résistance, appliquez une couche de vernis et laissez sécher (2-3 h).

Usage extérieur Utilisez de la peinture d'extérieur pour le fond et terminez par deux couches de vernis polyuréthanne mat.

L'aspect doux du plâtre frotté est mis en valeur dans ce petit salon, preuve de sa polyvalence. Le vert Nil sur blanc évoque le style Wedgwood et s'harmonise parfaitement avec meubles et tableaux anciens.

BORDURES

On néglige souvent le rôle des bordures peintes dans la décoration des murs. Le plus souvent appliquées à hauteur de chaise ou de cimaise, elles peuvent apporter un élément essentiel – en contribuant à modifier les dimensions d'une pièce par simple jeu d'optique – ou modeste dans une harmonie de couleurs. La récente réapparition des bordures de papier ou au pochoir devrait raviver le goût pour les bordures peintes. Après tout, les frises de papier peint sont chères et leur choix relativement limité. Quant aux pochoirs, leur application dans une grande pièce peut s'avérer un exercice particulièrement monotone.

Les bordures peintes à la main, en revanche, sont avant tout individuelles. Vous pouvez choisir les couleurs et les motifs que vous voulez, simples ou complexes. Elles peuvent être géométriques dans un intérieur ethnique, ou plus classiques pour un décor de style. Les motifs peints à main levée ont été utilisés par des générations de Mexicains, d'Espagnols et de Grecs, et se trouvent, tels quels ou modifiés, dans tous les livres d'art ou de décoration. Je me suis quant à moi inspirée de l'œuvre du peintre hollandais Piet Mondrian pour élaborer les carrés du deuxième exemple, lesquels m'ont à leur tour donné l'idée d'un motif de tartan.

RECETTE DE BASE – RAYURES SIMPLES

INGRÉDIENTS

Bande bleue ▸ 250 ml d'émulsion vinylique mate blanche / 2 cuil. à soupe de couleur acrylique bleu outremer / 1 cuil. à soupe de bleu de Prusse / 1/2 cuil. à soupe de gris neutre
Rayures bordeaux ▸ 250 ml d'émulsion vinylique mate blanche / 3 cuil. à soupe de couleur acrylique rouge de cadmium / 1 cuil. à soupe d'ombre brûlée / 1/2 cuil. à soupe de bleu outremer

MATÉRIEL

Mètre en bois ou en métal / équerre / crayon / ruban de masquage de 2,5 cm de large / chiffon / 2 seaux à peinture / brosses à pochoir petites et grandes / gomme douce

INSTRUCTIONS

Préparation

1 Les bordures sont toujours peintes en dernier, mais vous devez marquer leur emplacement sur le mur préparé avant qu'il ne soit peint. Mesurez la distance de la plinthe à la hauteur désirée. Avec le mètre et l'équerre, marquez la hauteur à intervalles réguliers le long du mur et tracez une ligne droite reliant toutes les marques.

2 Marquez et tracez une 2e ligne 2,5 cm au-dessus de la 1re, puis une 3e 2,5 cm au-dessus de la 2e, selon la même méthode.

3 Marquez et tracez une 4e ligne 10 cm au-dessus de la 3e.

4 Marquez et tracez les deux dernières lignes : la 5e 2,5 cm au-dessus de la 4e et la dernière 2,5 cm au-dessus de la 5e. Peignez ensuite les murs.

Charmante bordure peinte à la main dans un intérieur californien d'inspiration mexicaine. On l'a appliquée sur une surface grossière, puis poncée pour lui donner ce cachet d'authenticité.

Bande bleue

1 Protégez avec du ruban de masquage les deux bandes jouxtant la bande large. (Réduisez l'effet collant du ruban en le tamponnant d'abord sur un chiffon. Ceci évite d'arracher de la peinture en l'ôtant.)

2 Versez l'émulsion dans un seau. Ajoutez le bleu outremer, le bleu de Prusse, le gris neutre, et mélangez bien.

3 Trempez l'extrémité d'une grande brosse à pochoir dans la peinture et appliquez-la vigoureusement sur la zone comprise entre les deux bandes de ruban (p. 35). Veillez à ne pas dépasser le ruban de masquage. Laissez sécher (1 h).

Rayures bordeaux

1 Protégez le mur avec du ruban de masquage au-dessus de la rayure supérieure et au-dessous de la rayure inférieure.

2 Versez l'émulsion dans l'autre seau. Ajoutez le rouge de cadmium, l'ombre brûlée, le bleu outremer, et mélangez bien.

3 Avec une petite brosse à pochoir, pochez la peinture sur les deux bandes étroites, en veillant à ne pas dépasser le ruban de masquage. Laissez sécher (1 h), puis retirez soigneusement les rubans.

4 Effacez délicatement les marques de crayon visibles.

❶ RAYURES SIMPLES
Recette de base : l'effet de couleurs altérées du pochoir adoucit les rayures tout en décorant le mur bleu. Les bordures peuvent être placées à n'importe quelle hauteur et adopter diverses largeurs. Assurez-vous toutefois que vos bordures sont toutes à la même hauteur dans une pièce.

❷ RAYURES ET CARRÉS
Ici, les quantités pour la bande bleue ont été réduites de moitié et on a ajouté 2 cuil. à soupe d'ocre jaune à 125 ml d'émulsion mate blanche pour obtenir la troisième couleur. Appliquez d'abord l'ocre en masquant les autres carrés de 10 cm avec du ruban, laissez sécher (1 heure), puis masquez l'ocre pour pouvoir pocher le bleu.

❸ TARTAN
Trame de lignes bordeaux et vert sapin (2 cuil. à soupe de vert de vessie et 1/2 cuil. à soupe d'ombre brûlée pour 125 ml d'émulsion blanche). Les lignes fines ont été bordées de ruban de masquage avant d'être pochées. Les verticales plus larges ont été peintes en dernier. Laissez bien sécher chaque couleur.

COUPE DE PIERRE

Cette imitation constitue une façon amusante et théâtrale de donner de la grandeur à une pièce. Le procédé est long et requiert différentes techniques, du pochage au veinage en passant par des finitions décoratives d'ombres et de filets. Cependant, la méthode se révélera simple si vous utilisez le matériel adéquat. Décidez de la forme architecturale en gardant à l'esprit que les structures les plus simples sont les plus authentiques. Assurez-vous également que la taille des pierres est proportionnée à votre pièce.

RECETTE DE BASE – MÉTHODE TRADITIONNELLE À L'EAU

INGRÉDIENTS

Couche de fond ▶ 1 litre d'émulsion vinylique mate blanche / 3 cuil. à soupe de couleur acrylique ombre brûlée
Glacis intermédiaire ▶ 250 ml d'émulsion vinylique mate blanche / 125 ml de glacis acrylique transparent / 2 cuil. à soupe de couleur acrylique ombre naturelle / 1 cuil. à soupe d'ocre jaune / 150 ml d'eau
Glacis foncé ▶ 250 ml d'émulsion vinylique mate blanche / 125 ml de glacis acrylique transparent / 3 cuil. à soupe de couleur acrylique ombre naturelle / 1 cuil. à soupe de Sienne naturelle / 150 ml d'eau
Glacis pâle ▶ 250 ml d'émulsion vinylique mate blanche / 125 ml de glacis acrylique transparent / 1 cuil. à soupe de couleur acrylique ombre naturelle / 150 ml d'eau
Veinage ▶ 250 ml de glacis acrylique / 2 cuil. à soupe de couleur acrylique gris neutre / 100 ml d'eau
Ombres ▶ 3 cuil. à soupe d'acrylique ombre brûlée / 1 cuil. à soupe d'eau
Couche protectrice facultative ▶ 1 litre de vernis acrylique clair mat

MATÉRIEL

Seaux à peinture (5 grands et 1 petit) / 1 brosse à émulsion de 75 mm / té / règle / crayon ou craie / ruban de masquage de 12 mm de large / chiffon / gomme douce / 3 brosses à émulsion de 50 mm / brosses à pocher de tailles diverses / petite éponge naturelle / eau pour humidifier l'éponge / 1 brosse à tableau plate / 1 brosse à vernis de 50 mm (facultatif)

❶ MÉTHODE TRADITIONNELLE
Recette de base : la fine ligne d'ombre peinte à la main entre chaque pierre et les parties apparentes de la couche de fond donnent du relief. Dans cet exemple, la source lumineuse vient de la droite.

Une ravissante illustration de la coupe de pierre, audacieusement utilisée dans une salle de bains. Le jeu subtil d'ombre et de lumière crée un effet de biseau.

INSTRUCTIONS

Couche de fond

1 Versez l'émulsion dans un grand seau. Ajoutez l'ombre brûlée et mélangez bien.

2 Avec la brosse à émulsion de 75 mm, appliquez uniformément (p. 34) sur la surface préparée. Laissez sécher (2-3 h).

Marquage des pierres

1 En vous aidant du té et de la règle, dessinez les pierres sur le mur au crayon léger (ou à la craie).

2 Appliquez du ruban de masquage le long des lignes dessinées. Assurez-vous que le ruban est bien au ras des lignes et placez-le partout soit dessus, soit dessous, soit à droite, soit à gauche. (Réduisez l'effet collant du ruban en le tamponnant sur un chiffon avant de l'utiliser.)

3 Effacez toute marque de crayon, sans froisser le ruban. (La peinture adhère mal aux traces de crayon.)

Glacis intermédiaire

1 Versez l'émulsion dans un autre grand seau. Ajoutez le glacis acrylique, l'ombre naturelle, l'ocre jaune et l'eau (peu à peu). Mélangez bien.

2 Appliquez le glacis uniformément sur toute la surface avec une brosse à émulsion de 50 mm, en travaillant par bandes verticales de la largeur des pierres.

3 Toujours verticalement, passez rapidement une brosse à pocher sur le glacis en tamponnant légèrement (p. 35). Un travail du poignet plutôt que du bras fatigue moins et donne un effet plus doux. Variez la finition en modifiant la position du poignet et la taille de la brosse. Laissez sécher (1-2 h).

Glacis foncé

1 Versez l'émulsion dans un autre grand seau. Ajoutez le glacis acrylique, les couleurs, l'eau (peu à peu), et mélangez bien.

2 Avec une deuxième brosse à émulsion de 50 mm, appliquez sur toute la surface puis pochez comme précédemment, cette fois en tracés horizontaux. Variez la position du poignet et la taille de la brosse. Laissez sécher (1-2 h).

Glacis pâle

1 Versez l'émulsion dans un autre grand seau. Ajoutez le glacis acrylique, l'ombre naturelle, l'eau (peu à peu), et mélangez bien.

2 Avec la troisième brosse à émulsion de 50 mm, appliquez le glacis comme précédemment, en travaillant horizontalement, et pochez. Laissez sécher (1-2 h).

Veines

1 Versez le glacis acrylique dans le cinquième seau. Ajoutez le gris neutre et l'eau (peu à peu). Mélangez bien.

2 Avec une éponge propre et humide, dessinez de légères et courtes lignes diagonales sur la surface. Les pierres doivent paraître séparées : ne dessinez pas de veines par-dessus le ruban. Laissez sécher (30 mn) et retirez avec soin le ruban.

Ombres

1 Mettez l'ombre brûlée dans le petit seau et ajoutez presque toute l'eau (peu à peu), en mélangeant bien.

2 Avant de commencer à peindre les ombres, déterminez d'où vient la lumière – choisissez une vraie fenêtre si possible. Une partie de l'espace entre chaque pierre sera claire, l'autre foncée.

3 Si votre source de lumière est à gauche, le côté droit de chaque espace vertical sera clair, ainsi que la partie inférieure de chaque espace horizontal. Avec la brosse à tableau, appliquez une ligne de couleur (ou d'ombre) à main levée sur la moitié gauche des espaces verticaux et sur la moitié supérieure des espaces horizontaux.

Si votre source de lumière est à droite, inversez l'effet ombre/lumière. Appliquez l'ombre sur la moitié droite des espaces verticaux et sur la moitié supérieure des espaces horizontaux. Laissez sécher (30 mn).

Note Appliquez une couche de vernis si vous voulez protéger la finition, et laissez sécher (2-3 h).

PLÂTRE VIEILLI

L'acte gratuit de vieillir et de teindre un mur de plâtre neuf – pour le faire paraître, disons-le, bon à redécorer – peut sembler pervers, mais cet air de décadence effritée revêt pour nombre d'entre nous un certain charme fin de siècle. L'effet n'en est d'ailleurs que plus frappant si l'on joue sur le contraste entre les couches. Cependant, soyez averti : ce n'est pas une technique pour les timorés. Nul besoin d'être un plâtrier accompli, mais une certaine adresse et la confiance en soi sont indispensables, l'aide d'une autre personne tout à fait conseillée. Bien sûr, si vous souhaitez décorer de cette manière une pièce déjà défraîchie, un fond coloré dans les endroits écaillés et une simple teinture donneront un effet très convaincant.

RECETTE DE BASE – TEINTURE OR SUR VERT

INGRÉDIENTS

Couches de fond ▶ 2 litres d'émulsion vinylique mate vert d'eau prête à l'emploi
Fixateur ▶ 1 litre d'adhésif vinylique ou colle blanche / 750 ml d'eau
Plâtrage ▶ 1 tube de cire pour meubles (transparente) de 500 ml / 1 kg de plâtre multi-usages / eau (selon les instructions du fabricant)
Teinture ▶ 125 ml d'adhésif vinylique ou colle blanche / 50 g de pigment en poudre ocre jaune / 50 g d'ombre brûlée / 50 g de Sienne naturelle / 4 cuil. à soupe d'eau

MATÉRIEL

4 brosses à émulsion de 75 mm ou 3 brosses et 1 rouleau avec bac / bâches de protection / 3 seaux à peinture / gants jetables / taloche / marteau ou maillet / grattoir ou spatule / papier de verre à grain moyen / chiffons

INSTRUCTIONS

Couches de fond

Appliquez deux couches uniformes (p. 34) sur la surface préparée avec une brosse (ou le rouleau). Laissez sécher chaque couche 2-3 h.

Fixateur

1 Protégez le sol avec les bâches.
2 Versez l'adhésif vinylique (ou la colle blanche) dans un seau et ajoutez l'eau (peu à peu) en mélangeant bien.
3 Mettez les gants et gardez-les jusqu'à la fin. Avec une brosse, appliquez sur la couche de fond et laissez sécher (3 h).

Plâtrage

1 Avec une autre brosse, passez la cire sur les endroits que vous voulez vieillir. Il est sage de repérer les endroits cirés sur un plan pour pouvoir les retrouver ensuite.
2 Mélangez rapidement (avant que la cire ne sèche) le plâtre et l'eau dans un autre seau en suivant les instructions du fabricant. Appliquez une fine couche sur toute la surface avec de larges mouvements en arc, à l'aide de la taloche. Le plâtre séchant très vite, passez de l'eau sur les arêtes et lissez immédiatement à la taloche. Laissez sécher (24 h).

❶ TEINTURE OR SUR VERT
Contraste frappant entre les coloris de la recette de base : les tons terre de la teinture atténuent le fond vert d'eau. Dans les trois exemples, les arêtes ont été adoucies au papier de verre.

❷ TEINTURE ROSE SUR TERRE CUITE
Cette variante contemporaine met en œuvre une émulsion terre cuite prête à l'emploi, tandis que la teinture est colorée avec 25 g de cramoisi d'alizarine en poudre.

❸ TEINTURE PLÂTRE SUR BLEU
Ici, l'effet général est plus doux. Le fond vif est une émulsion bleu ciel prête à l'emploi. Essayez cette combinaison dans une salle de bains.

Une teinture sur du plâtre vieilli ravive l'atmosphère de cet intérieur, créant un décor peu conventionnel pour un mobilier ancien et des accessoires modernes.

Vieillissement

1 Avec le marteau (ou le maillet), tapez doucement sur les parties cirées (suivez votre plan) jusqu'à ce que le plâtre se craquelle.

2 Retirez doucement les écaillures. Le grattoir (ou la spatule) vous aidera à venir à bout des morceaux récalcitrants.

3 Poncez les parties écaillées au papier de verre et nettoyez les arêtes avec des chiffons.

Teinture

1 Versez l'adhésif vinylique (ou la colle blanche) dans le troisième seau. Ajoutez l'ocre jaune, l'ombre brûlée, la Sienne naturelle, l'eau (peu à peu), et mélangez bien.

2 Appliquez sur le plâtre avec une autre brosse, en mouvements irréguliers. Laissez sécher (2-3 h).

Note Vous pouvez teindre du plâtre neuf avec le même mélange ; il existe une gamme infinie de couleurs en poudre.

FINITION TEXTURÉE

Il existe mille et une façons d'ajouter de la texture ; la sciure donne un grain grossier et le blanc de Meudon un effet plus discret. J'utilise pour ma part du sable fin dans la couche de fond. L'avantage de cette finition est qu'elle dissimule parfaitement les imperfections d'un mur ; elle donne également du caractère aux surfaces et peut habiller des murs de jardin. Les peintures texturées prêtes à l'emploi existent désormais en plusieurs couleurs, mais il est toujours plus agréable de préparer soi-même son mélange avec des couleurs acryliques. Les exemples qui figurent ici sont élaborés sur un fond blanc, qui met bien la finition en valeur, mais l'émulsion peut être teintée avant de recevoir le sable. Essayez cette technique sur les ornements de jardin : statues et pots acquerront un aspect vétuste avec une couche texturée sous une imitation rouille, vert-de-gris ou plomb (pp. 160-165).

Finition texturée dedans comme dehors : une utilisation hardie et contemporaine de la couleur s'ajoute à un effet sableux dans ce sobre intérieur mexicain.

RECETTE DE BASE – OCRE JAUNE SUR BLANC

INGRÉDIENTS

Couche de fond ▸ 1 litre d'émulsion vinylique mate blanche / 250 g de sable fin
Glacis ▸ 250 ml d'émulsion vinylique mate blanche / 250 ml de glacis acrylique transparent / 2 cuil. à soupe de couleur acrylique ocre jaune / 1 cuil. à soupe de Sienne naturelle / 150 ml d'eau
Couche protectrice facultative ▸ 1 litre de vernis acrylique mat incolore

MATÉRIEL

2 seaux à peinture / 2 brosses à émulsion de 75 mm / 1 brosse à vernis de 50 mm (facultatif)

❶ OCRE JAUNE SUR BLANC
Dans le coloris de la recette de base, deux effets texturés de part et d'autre du lambris d'appui badigeonné de violet (p. 52). On a ajouté davantage de sable (360 g) à la couche de fond du panneau inférieur pour créer une texture plus grossière.

❷ GRIS DOUX SUR BLANC
Cet exemple illustre le raffinement potentiel de la finition. Un peu de sable très fin (115 g) a permis de produire cet effet très délicat ; 2 cuil. à soupe de gris neutre et 1/2 cuil. à soupe de magenta colorent le glacis.

❸ ROSE SUR BLANC
Ici, le glacis est préparé avec 3 cuil. à soupe de magenta et 1 cuil. à soupe de rouge de cadmium, adoucis par 1/2 cuil. à soupe d'ombre brûlée. Le fond comporte 360 g de sable.

INSTRUCTIONS

Couche de fond Versez l'émulsion dans un seau. Ajoutez le sable, mélangez bien. Appliquez sur la surface préparée. Laissez sécher (2-3 h).

Glacis

1 Versez l'émulsion dans l'autre seau. Ajoutez le glacis acrylique, l'ocre jaune, la Sienne naturelle, l'eau (peu à peu), et mélangez bien.

2 Appliquez sur la couche de fond à coups irréguliers (p. 34). Travaillez plusieurs fois le glacis, en laissant apparaître le fond par endroits. Laissez sécher (2-3 h).

Note Pour une finition plus résistante, appliquez une couche de vernis et laissez sécher (2-3 h).

Usage extérieur Utilisez de la peinture d'extérieur pour le fond (sans sable) et couvrez de vernis polyuréthanne mat.

LES FINITIONS SUR BOIS

Dans la peinture décorative sur bois, réaliste ou fantaisiste, la couleur est un facteur déterminant. En préparant vos propres peintures, glacis et teintures, vous pouvez par exemple les assortir à votre mobilier et apporter une note toute personnelle. Il existe aujourd'hui un grand choix de couleurs et les possibilités sont infinies. La teinture, une façon simple de traiter le bois, peut devenir spectaculaire, mais il est aussi possible, avec des peintures à l'eau, de produire des tons plus doux que ceux du commerce. Le badigeon sur bois est une autre approche : cette manière subtile d'ajouter de l'éclat au bois se prêtera à toutes les couleurs que vous aurez créées.

Ci-dessus : cet aspect de bois fané et patiné s'obtient généralement par la simple technique du chaulage. Appliquez de la cire à céruser, laissez durcir 30 minutes et frottez-la. Ou encore, passez un glacis à patiner pâle, laissez sécher 10 minutes et frottez.

À l'inverse, la richesse du bois uni et bien entretenu – qu'il s'agisse de boiseries, d'un meuble ancien ou rustique – est toujours attrayante, et il est plaisant d'obtenir un petit air désuet par de simples effets de peinture peu coûteux sur des surfaces de bois bon marché. Les magasins de brocante ou les marchés aux puces forment dans ce domaine un terrain de chasse idéal.

Les finitions peuvent également patiner un meuble neuf en un clin d'œil, ce qui est très utile dans un décor ancien où un meuble de bois neuf ne trouve pas sa place. Les escaliers, les rampes, les sols et les cadres

À droite : écaillures et craquelures de la peinture sur bois vieillie (p. 129) ; un bon exemple d'effet d'ambiance particulièrement adapté aux intérieurs traditionnels. Ici, les nuances subtiles de vert rehaussent la brique naturelle.

peuvent aussi être vieillis pour apporter une touche vénérable à votre maison. Souvenez-vous toutefois que l'emplacement et le degré de patine doivent paraître naturels. Cela dit, l'effet peut être aussi audacieux ou discret que vous le désirez, et les méthodes sont simples et innombrables. L'une des plus faciles consiste à passer un glacis d'une couleur plus foncée que l'originale, de façon à simuler les outrages du temps : les tons sombres s'harmoniseront parfaitement aux grandes pièces, mais il est sage de s'en tenir à des couleurs pâles pour les plus petites.

Les finitions sur bois conviennent particulièrement aux cuisines. Une cuisine neuve est toujours chère, mais des bois bon marché, à peindre ou patiner, peuvent produire une impression unique à moindre coût. La décoration sur bois peut aussi transformer une ancienne cuisine, en lui donnant un air pimpant... ou très vieux !

L'aspect de la patine du bois, très à la mode, est enfantin à reproduire. L'effet peut être théâtral avec des couleurs contemporaines vives, mais pour un simple petit air vétuste, le badigeon à la chaux ou l'application d'un glacis pâle suffira. Ne vernissez jamais ces finitions : l'effet authentique n'apparaît qu'avec le temps et l'usure. Les vernis à craqueler sont plus compliqués à utiliser, mais rendent un effet incomparable.

Nombre de ces finitions sur bois conviennent également à d'autres surfaces. Étudiez le code de couleur qui accompagne chaque recette et reportez-vous à la page 41.

En haut : dans cet intérieur d'inspiration Shaker, les peintures à la caséine imitent la patine du bois (pp. 129 et 134).

Ci-dessus : bois vieilli dans un intérieur rustique. Notez les détails de la véritable usure avant de vous essayer à l'imiter.

PATINE

Le bois se patine naturellement avec le temps : les meubles exposés au soleil fanent, et le bois poli s'assombrit au fil des ans. C'est ce sens du temps qui passe qui donne tout son charme à un meuble ancien, et depuis le XIXe siècle, les artisans s'efforcent de l'imiter.

Presque tous les bois peuvent être patinés artificiellement, et les raisons pour le faire sont innombrables. Peut-être désirez-vous vieillir une commode en pin toute neuve pour qu'elle s'harmonise avec le reste des meubles ? Ou bien vous reste-t-il quelques meubles qui détonnent dans une maison fraîchement redécorée ? La méthode que je vous propose peut sembler un peu radicale, mais vous pourrez toujours en doser l'effet.

RECETTE DE BASE – PIN VIEILLI

INGRÉDIENTS

Glacis à patiner ▸ 500 ml d'adhésif vinylique ou colle blanche / 1 litre d'eau / 40 g de pigment en poudre Sienne naturelle / 40 g de pigment ombre naturelle (1 couche)

Couche protectrice facultative ▸ 500 ml de vernis acrylique mat incolore

MATÉRIEL

Poinçon ou marteau et clou de 50 mm / cutter (facultatif) / 1 seau à peinture / 1 brosse ordinaire de 75 mm / chiffons de coton non pelucheux / 1 brosse à vernis de 50 mm (facultatif)

Cette commode de pin moderne a été patinée avec un glacis imitant l'aspect de la chaux. La couleur originale apparaît sur le côté du tiroir. L'adhésif vinylique a été coloré avec 40 g de pigment en poudre ombre brûlée et 30 g de blanc. Les poignées modernes ont été remplacées par d'autres, plus appropriées.

INSTRUCTIONS

Patine du bois

Utilisez le poinçon (ou le marteau et le clou) pour faire des petits trous semblables à de la vermoulure. Vous pouvez aussi effectuer quelques incisions au cutter et de petites marques avec le marteau.

Glacis à patiner

1 Versez l'adhésif vinylique (ou la colle blanche) dans le seau. Ajoutez l'eau (peu à peu) et mélangez bien.

2 Ajoutez la Sienne naturelle, l'ombre naturelle, et mélangez bien jusqu'à ce que les grumeaux disparaissent.

3 Passez le glacis sur la surface préparée à coups irréguliers (p. 34).

4 Faites un tampon plat avec le chiffon et frottez le glacis sur la surface, en insistant sur les parties abîmées. (Ce procédé vous permettra également d'ôter tout excès de glacis.) Changez fréquemment le chiffon. Sur les petites surfaces, le temps de séchage est d'environ 1 h ; si vous patinez une grande surface, un sol par exemple, ne travaillez pas sur plus de 2 m² à la fois.

Note Répétez l'étape du glacis pour obtenir une couleur plus intense. Protégez la surface avec une ou deux couches de vernis, en laissant sécher chaque couche 2-3 h.

❶ PIN VIEILLI
Recette de base sur une commode de pin neuve. La couleur sombre évoque l'aspect qu'aurait pris le meuble après plusieurs années de service dans une cuisine, par exemple.

❷ OCRE SUR FRÊNE
Ce ton plus pâle est réalisé avec 60 g d'ocre jaune et 20 g d'ombre naturelle. Il s'accorde très bien avec le vieux pin. Le bois original était du frêne, à la couleur grisâtre.

❸ GRIS SUR BOIS CHAULÉ
Deux glacis à patiner ont été utilisés pour créer ce ton gris sur du bois chaulé. Le premier était coloré avec 30 g de blanc et 20 g de noir ; le second avec 20 g d'ombre brûlée et 10 g de bleu outremer.

PEINTURE PROJETÉE

La technique de la peinture projetée entre dans nombre de finitions, comme l'imitation du granite et du porphyre, mais elle est amusante à utiliser seule. Elle rend bien sur les piliers, moulures et boiseries, ainsi que sur les petits meubles. Résistez toutefois à la tentation de moucheter les murs : sur une grande surface, ces petits points peuvent créer d'étranges effets d'optique. Le procédé semble facile, mais il demande une certaine pratique ; suivez les conseils de la page 36 et entraînez-vous avant de commencer. Par ailleurs, c'est une finition difficile à contrôler ; habillez-vous en conséquence.

❶ OR
Recette de base : pour les moulures.

❷ ROUGE
Fond : rouge foncé prêt à l'emploi.
Projections :
1 cuil. à soupe de :
1) ombre naturelle,
2) cramoisi d'alizarine,
3) ocre jaune,
4) blanc.

❸ HUÎTRE
Fond : 2 cuil. à soupe de gris neutre et 1 cuil. à soupe d'ombre brûlée.
Projections :
1) 1 cuil. à soupe d'ombre naturelle,
2) 1 cuil. à soupe de gris neutre,
3) 1/2 cuil. à soupe de gris neutre et 1/2 cuil. à soupe de blanc de titane,
4) 1 cuil. à soupe de blanc de titane.

❹ BLEU
Fond : 1 cuil. à soupe de bleu de cobalt et 2 cuil. à soupe de bleu permanent clair.
Projections :
1) 1 cuil. à soupe de bleu outremer,
2) 1 cuil. à soupe de gris neutre,
3) 1/2 cuil. à soupe de bleu de cobalt et 1/2 cuil. à soupe de blanc de titane,
4) 1 cuil. à soupe de blanc de titane.

RECETTE DE BASE – OR EN QUATRE COULEURS

Couche de fond ▸ 500 ml d'émulsion vinylique mate blanche / 1 cuil. à soupe de couleur acrylique rouge de Venise / 1 cuil. à soupe d'ombre naturelle / 1/2 cuil. à soupe d'ocre jaune

Pour chaque projection ▸ 1 cuil. à soupe d'eau et :

Première projection ▶ 1 cuil. à soupe de couleur acrylique ombre brûlée
Deuxième projection ▶ 1 cuil. à soupe de couleur acrylique Sienne naturelle
Troisième projection ▶ 1 cuil. à soupe de couleur acrylique ocre jaune
Quatrième projection ▶ 1 cuil. à soupe de couleur acrylique blanc de titane
Couche protectrice facultative ▶ 500 ml de vernis acrylique incolore, mat ou satiné

MATÉRIEL

1 seau à peinture / 1 brosse à émulsion de 50 mm / bâches de protection / ruban de masquage / chiffon / 4 petits pots pour les glacis / gants jetables / 4 ou 5 brosses en soie de porc de 25 mm / 1 brosse à vernis de 50 mm (facultatif)

INSTRUCTIONS

Couche de fond

1 Versez l'émulsion dans le seau. Ajoutez le rouge de Venise, l'ombre naturelle, l'ocre jaune, et mélangez bien.
2 Appliquez une couche uniforme (p. 34) sur la surface préparée, avec la brosse de 50 mm, et laissez sécher (2-3 h).

Projections

1 Étendez les bâches de protection et protégez les parties que vous ne voulez pas moucheter avec du ruban de masquage. (Réduisez l'effet collant du ruban en le tamponnant sur un chiffon avant de l'appliquer sur la surface.)
2 Placez chaque couleur dans un petit pot. Ajoutez l'eau dans chacun et mélangez bien.
3 Mettez les gants et chargez la première brosse en soies de porc avec le glacis le plus foncé. Tapez-la fermement contre une autre brosse propre tenue à 15-25 cm de la surface. Il s'agit de créer des mouchetures de tailles diverses (p. 36). Il est important de savoir quelle quantité de peinture vous devez charger sur votre brosse : la régularité est le gros problème de cette technique. Travaillez de haut en bas, sur une large surface pour éviter tout effet de « colonnes », et vérifiez que vous ne laissez pas de parties non couvertes.
4 Répétez l'étape 3 avec les autres couleurs, en utilisant une brosse propre à chaque fois ; commencez par projeter les glacis les plus foncés pour finir par le blanc. Vous pouvez varier l'effet en éloignant ou en rapprochant la brosse du mur. Laissez sécher chaque couche 2 h.

La peinture projetée ajoute une touche très personnelle à ce tabouret tout simple. Un fond bleu outremer tout prêt a été recouvert de 1) 1/2 cuil. à soupe de bleu de cobalt et 1/2 cuil. à soupe de blanc, 2) 1/2 cuil. à soupe de bleu outremer et 1/2 cuil. à soupe de noir, 3) 1 cuil. à soupe d'ocre jaune, et 4) 1 cuil. à soupe de blanc de titane.

Note Vous pouvez également projeter la peinture avec une brosse à dents ou une petite brosse à poils durs, en raclant les soies avec les doigts. Déterminez bien la quantité de peinture à charger avant de commencer. Appliquez une ou deux couches de vernis mat ou satiné pour une meilleure en laissant sécher chaque couche 2-3 h.

VEINAGE

La maîtrise de l'art du veinage peut sembler hors de portée ; pourtant, en suivant les principes de base, vous pourrez obtenir des résultats satisfaisants. Que vous cherchiez le réalisme ou la fantaisie, déterminez l'essence de bois que vous voulez imiter et gardez-en une image près de vous pendant que vous peignez. Souvenez-vous qu'avec un glacis à l'eau vous devrez travailler plus vite, mais que le temps de séchage sera beaucoup plus court. En utilisant des outils modernes dérivés de ceux dont se servaient les artisans du XVIIe siècle, vous pourrez produire des effets de veinage un tant soit peu artificiels mais bien plus rapides que ceux des recettes proposées (voyez la Note p. 111). Manipulé avec sensibilité, ce matériel fait parfois des merveilles (p. 138).

RECETTE DE BASE – ACAJOU

INGRÉDIENTS

Couches de fond ▸ 1 litre de peinture coquille d'œuf brun rouille prête à l'emploi (sans odeur)
Premier glacis ▸ 50 g de blanc de Meudon / 50 g de pigment en poudre brun Van Dyck / 25 g de pigment ombre naturelle / 15 g de pigment ombre brûlée / 5 cuil. à soupe d'eau
Premier fixateur ▸ 500 ml de vernis polyuréthanne satiné incolore
Deuxième glacis ▸ 25 g de blanc de Meudon / 25 g de pigment en poudre brun Van Dyck / 15 g de pigment noir / 5 cuil. à soupe d'eau
Deuxième fixateur ▸ 500 ml de vernis polyuréthanne satiné incolore

MATÉRIEL

5 brosses ordinaires de 50 mm / chiffons / eau pour humidifier les chiffons / 2 seaux à peinture / spalter ou veinette / 1 blaireau à estomper ou 1 brosse à émulsion à poils souples de 75 mm / 2 brosses en soies de porc de 25 mm (pour les moulures) / 1 queue à battre

Ci-dessous : variante chêne clair (p. 110). Fond : 1 litre de coquille d'œuf blanche et 2 cuil. à soupe de couleur à l'huile ocre jaune. 1er glacis : 50 g d'ocre jaune et 50 g de Sienne naturelle. 2e glacis : comme le premier, en ajoutant 25 g d'ombre naturelle.

Ci-dessus : un acajou pâle, variante de la recette de base. Fond : 1 litre de coquille d'œuf blanche et 50 g de pigment en poudre oxyde rouge. Glacis : suivez la recette de base, en ajoutant 10 g d'oxyde rouge pour chaque couche.

INSTRUCTIONS TRAVAILLEZ TOUJOURS DANS UN LIEU BIEN AÉRÉ

Couches de fond

Mélangez bien la peinture coquille d'œuf et, avec une brosse ordinaire, appliquez deux couches uniformes (p. 34) sur la surface préparée. Laissez sécher chaque couche 24 h.

Premier glacis

1 Trempez un chiffon dans de l'eau et essorez-le à fond. Utilisez-le pour passez un mince film de blanc de Meudon sur toute la surface ; ainsi, le glacis adhérera mieux.

2 Mettez les pigments dans un seau et ajoutez l'eau (peu à peu) en mélangeant bien.

3 Avec une autre brosse ordinaire, appliquez le glacis sur la surface à coups irréguliers (p. 34), sans couvrir les moulures.

4 Avec le spalter (ou la veinette), lissez ou tirez le glacis vers le bas en une série de coups se chevauchant. Essayez de ne pas vous arrêter au milieu d'un tracé (p. 37)

5 Avec la veinette, créez un effet de veinage à partir d'un coin, en formant des arcs superposés (p. 37).

6 Tapotez légèrement le blaireau à estomper (ou la brosse à poils souples) sur le glacis, à petits coups courts et ascendants (p. 34). Il s'agit d'adoucir l'effet d'arcs pour plus de naturel. Nettoyez souvent le blaireau sur un chiffon – il doit rester absolument sec.

7 Avec une brosse en soies de porc, appliquez le glacis sur les moulures, à grands coups de pinceaux horizontaux ou verticaux (selon le sens des moulures). Laissez sécher (3-4 h).

Premier fixateur

Appliquez une couche de vernis avec une autre brosse ordinaire et laissez sécher (24 h).

Deuxième glacis

1 Avec un autre chiffon humide, appliquez une deuxième couche de blanc de Meudon sur la surface. Cela ternira le premier glacis et ajoutera de l'intensité à l'effet final.

2 Mettez le brun Van Dyck et le noir dans l'autre seau. Ajoutez l'eau (peu à peu) et mélangez bien.

3 Avec une autre brosse ordinaire, appliquez le glacis sur la surface à coups irréguliers, en évitant les moulures.

4 Répétez les étapes 4 et 5 du premier glacis.

5 Tapotez la queue à battre sur la surface pour produire un effet légèrement moucheté sur le veinage (p. 36). Nettoyez les soies sur un chiffon de temps à autre.

6 Répétez l'étape 7 du premier glacis pour les moulures, avec l'autre brosse. Laissez sécher (3-4 h).

Deuxième fixateur

Appliquez une couche de vernis avec la dernière brosse ordinaire et laissez sécher (24 h).

VEINAGE

❶ ACAJOU
Recette de base
p. 108.

❷ CHÊNE FONCÉ
Variante :
voir ci-dessus.

❸ VERT PÂLE
Veinage et palette moderne. Suivez la recette de base. Fond : 2 cuil. à soupe de pigment en poudre gris neutre pour 1 litre de coquille d'œuf blanche. Coloration des glacis : 50 g de vert Guignet et 25 g de blanc.

❹ VERT FONCÉ
Suivez la recette de base. Fond : 2 cuil. à soupe de couleur à l'huile vert Guignet pour 1 litre de coquille d'œuf blanche. 1er glacis : 50 g de vert vif et 50 g de vert Guignet ; 2e glacis : 50 g de vert Guignet, 25 g de vert vif et 25 g d'ombre brûlée.

VARIANTE – CHÊNE FONCÉ

INGRÉDIENTS

Couches de fond ▶ 1 litre d'émulsion ocre bambou prête à l'emploi
Premier glacis ▶ 150 ml de glacis acrylique / 25 g de pigment en poudre Sienne naturelle / 10 g de pigment ombre naturelle / 5 cuil. à soupe d'eau
Deuxième glacis ▶ 250 ml de glacis acrylique / 25 g de pigment en poudre Sienne naturelle / 15 g de pigment ombre brûlée / 5 cuil. à soupe d'eau
Couche protectrice ▶ 500 ml de vernis polyuréthanne satiné incolore

MATÉRIEL

3 brosses à émulsion de 50 mm / 3 seaux à peinture / 1 blaireau à estomper ou 1 brosse à émulsion à poils souples de 75 mm / chiffons / 2 brosses en soies de porc de 25 mm / 1 brosse à tableau plate de 25 mm / 1 brosse ordinaire de 50 mm

INSTRUCTIONS

Couches de fond

Mélangez bien l'émulsion et, avec une brosse à émulsion, appliquez deux bonnes couches uniformes (p. 34) sur la surface préparée, en travaillant dans le sens du fil. Laissez sécher chaque couche 2-3 h.

Premier glacis

1 Versez le glacis acrylique dans un seau. Ajoutez la Sienne naturelle, l'ombre naturelle et l'eau (peu à peu), en mélangeant bien.
2 Avec une autre brosse à émulsion, appliquez le glacis sur la surface à coups irréguliers (p. 34), en évitant les moulures.
3 Prenez la même brosse pour lisser ou tirer le glacis vers le bas en une série de coups se chevauchant (p. 35) ; esssayez de ne pas vous arrêter au milieu d'un tracé.
4 Tamponnez la surface avec le blaireau à estomper (ou la brosse à poils souples) afin d'adoucir l'effet du lissage (p. 34). Nettoyez régulièrement le blaireau sur un chiffon – il doit rester absolument sec.
5 Avec une brosse en soies de porc, appliquez le glacis sur les moulures, en travaillant à grands coups verticaux ou horizontaux (selon le sens des moulures). Laissez sécher (2-3 h).

Deuxième glacis

1 Versez 150 ml de glacis acrylique dans un autre seau et appliquez sur la surface avec une autre brosse à émulsion. Attendez qu'il devienne collant (30 mn).
2 Versez le reste du vernis dans un autre seau. Ajoutez la Sienne naturelle, l'ombre brûlée et l'eau (peu à peu), en mélangeant bien.
3 Avec la brosse plate, appliquez ce glacis sur la surface collante, en évitant les moulures. Commencez par peindre une ellipse au centre du panneau, et formez des ellipses concentriques irrégulières jusqu'à ce que vous ayez tout recouvert.
4 Adoucissez l'effet au blaireau à estomper, en travaillant cette fois-ci en coups légers vers le haut et en effleurant légèrement la surface. Nettoyez régulièrement le blaireau.
5 Répétez l'étape 5 du premier glacis pour les moulures, avec l'autre brosse. Laissez sécher (2-3 h).

Couche protectrice

Appliquez une couche de vernis avec la brosse ordinaire et laissez sécher (24 h).

Note Le spalter et la veinette mentionnés dans la recette de base (voir aussi pp. 29, 30 et 37) sont les outils classiques du veinage, mais les veinettes éventail (p. 29) ou de simples plumes peuvent créer d'authentiques et délicats effets. (Les plumes saturant rapidement, ayez-en un bon stock.) Les peignes en caoutchouc et les berceaux à faux bois (pp. 29 et 37) créent des effets beaucoup plus accusés, mais s'avèrent utiles pour les travaux à grande échelle, tout comme le spalter à mèches (p. 29).

CRAQUELURES À L'EAU

L'imitation des craquelures, qui apparaissent naturellement sur les meubles peints ou vernis et témoignent des mouvements du bois sous les écarts de température, a été inventée en France dès le XVIIIe siècle. De nos jours, avec l'aide de préparations appropriées, cette technique de patine est étonnante de simplicité. Une ou deux couches de vernis à craqueler transparent sont appliquées sur une base colorée sèche. À mesure qu'il sèche, le vernis agit sur la couche de fond et des craquelures se forment sur la surface. Lorsque la couche supérieure sèche à son tour, la couleur du fond apparaît en relief et les craquelures deviennent plus nettes. Des glacis colorés peuvent également être frottés sur la surface pour rehausser et patiner la finition. L'effet est traditionnel ou contemporain, en fonction de la combinaison de couleurs choisie. Patine naturelle du bois et du plâtre – elles évoquent en effet le côté fané des fresques et des panneaux peints de la Renaissance italienne – les craquelures peuvent aussi donner au plus ordinaire des plastiques stratifiés un aspect original.

RECETTE DE BASE – PIERRE SUR BLEU

INGRÉDIENTS

Couche de fond ▶ 500 ml d'émulsion vinylique bleu ciel prête à l'emploi
Craquelures ▶ 250 ml de vernis à craqueler acrylique transparent
Couche supérieure ▶ 500 ml d'émulsion ton pierre prête à l'emploi
Patine facultative ▶ 250 ml de patine à ombrer
Couche protectrice ▶ 500 ml de vernis acrylique satiné incolore

MATÉRIEL

2 brosses à émulsion de 50 mm / 1 brosse ordinaire de 25 mm / 1 brosse à vernis de 50 mm / chiffons (facultatif)

INSTRUCTIONS

Couche de fond

Mélangez bien l'émulsion et appliquez une couche uniforme (p. 34) sur la surface préparée, avec une brosse à émulsion. Laissez sécher (2-3 h). Une émulsion prête à l'emploi réagit beaucoup mieux au vernis à craqueler ; n'essayez pas de préparer la vôtre.

Craquelures

Avec la brosse ordinaire, appliquez une couche de vernis à craqueler sur toute la surface, à coups horizontaux pour des craquelures horizontales, et inversement. En séchant, le vernis commencera à se craqueler. Plus la couche est épaisse, plus les craquelures seront rares et larges ; plus la couche est mince, plus elles seront fines et nombreuses. Laissez sécher (2 h).

Ci-dessus à gauche : pour obtenir les craquelures horizontales de cette boîte en Isorel, on a passé une seule couche de vernis à craqueler sur une émulsion pierre prête à l'emploi. La couche supérieure est une émulsion bleu foncé prête à l'emploi.

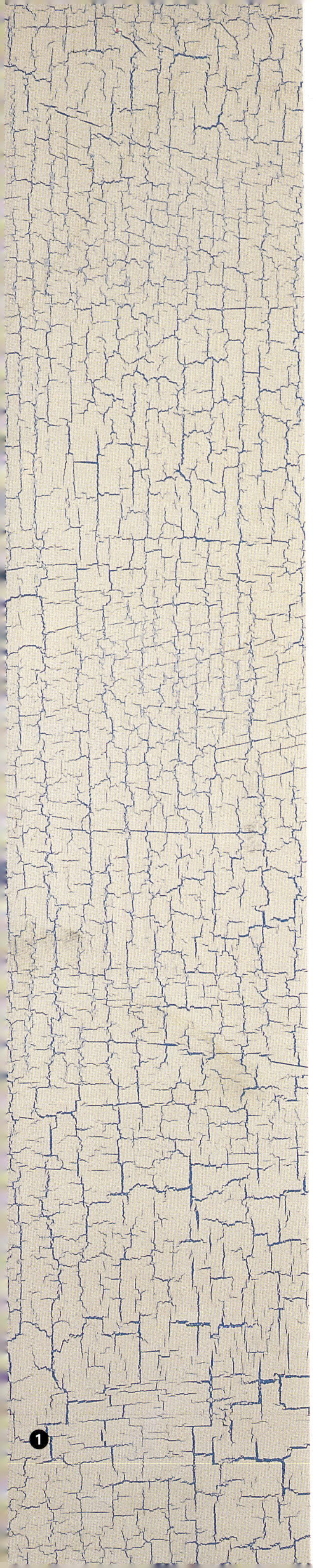

❶ PIERRE SUR BLEU
Recette de base : deux couches de vernis à craqueler sont appliquées dans des sens opposés pour produire cet effet fendillé. Les deux couches finales de vernis protecteur assureront une résistance à toute épreuve.

❷ VERT POIS SUR PAILLE
Deux couches de vernis à craqueler sont entrecroisées sur une couche d'émulsion colorée : le vert pois de la couche supérieure était très prisé à l'époque victorienne et s'adaptera aisément à un intérieur XIXe.

❸ LILAS DOUX SUR JAUNE PÂLE
Ce coloris s'accorde très bien aux décors modernes.
Là encore, deux couches de vernis entrecroisées ont été utilisées.

❹ ROUGE FONCÉ SUR PIERRE
Pour ce coloris très en vogue à l'époque victorienne, une émulsion pierre a été recouverte d'une seule couche verticale de vernis à craqueler, puis d'une couche de rouge foncé.

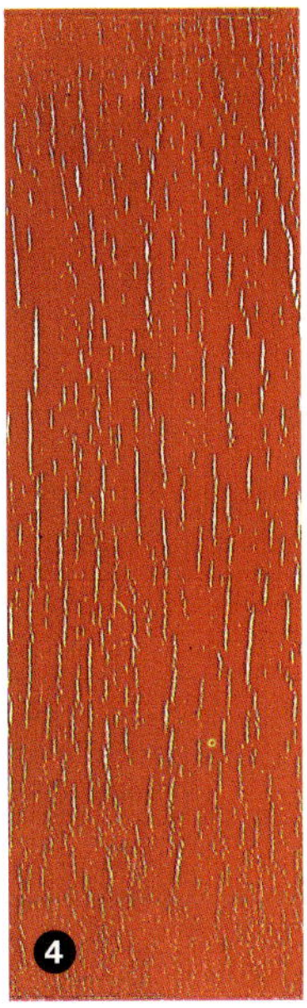

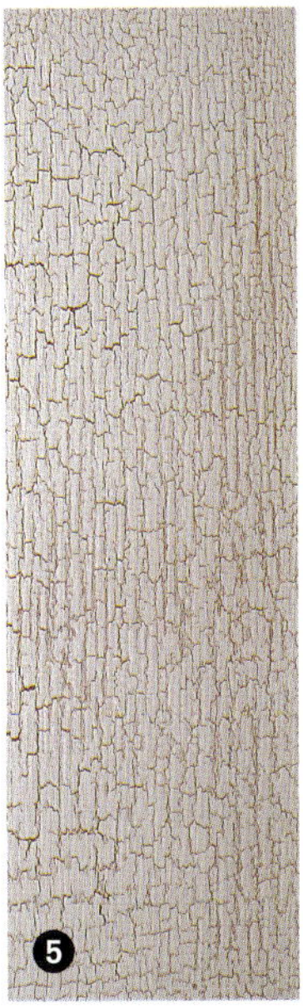

❺ GRIS CHAUD SUR BRIQUE
La base rouge foncé qui apparaît sous le gris chaud est typique de l'époque géorgienne.
Les deux couches de vernis sont étendues dans les deux sens et bien travaillées pour produire ces craquelures très denses.

Couche supérieure Mélangez bien l'émulsion, étendez une couche uniforme sur les surfaces craquelées avec l'autre brosse à émulsion, et laissez sécher (2-3 h). À mesure que la couche séchera, les craquelures apparaîtront de nouveau, révélant le fond. (Vous pouvez accélérer le séchage avec un sèche-cheveux.)

Couche protectrice Avec la brosse à vernis, appliquez une couche de vernis et laissez sécher (2-3 h). Répétez l'opération si vous souhaitez augmenter la résistance de la finition.

Note Pour un effet encore plus prononcé, répétez l'étape des craquelures avant d'appliquer la couche supérieure, en passant le vernis dans le sens contraire. Pour une finition plus patinée, passez une couche de patine à ombrer au chiffon lorsque la couche supérieure est sèche. Laissez sécher 1 h avant d'appliquer le vernis protecteur.

Ces craquelures d'un vert très tendre sur des boiseries s'harmoniseraient parfaitement avec un intérieur d'époque. Ce charmant décor évoque la légèreté de la période rococo.

CRAQUELURES À L'HUILE

Les craquelures à l'huile donnent un effet plus patiné encore que les craquelures à l'eau (p. 112) ; leur espacement est aussi plus important et plus varié. Cette technique utilise deux couches de vernis à craqueler transparent qui agissent l'une sur l'autre en séchant. Un glacis coloré, passé au pinceau puis frotté pour ne subsister que dans les craquelures, complète l'effet. L'aspect, audacieux ou discret, dépend du contraste des couleurs. Le vernis à l'huile est un matériau assez imprévisible. L'expérience m'a appris trois choses : suivez les instructions du fabricant, utilisez de la peinture prête à l'emploi pour la couche de fond, et travaillez dans un lieu bien tempéré et sec. Les résultats seront plus probants sur de petites surfaces planes.

RECETTE DE BASE – ROUGE SUR NOIR

INGRÉDIENTS

Couches de fond ▶ 500 ml de peinture brillante noire prête à l'emploi
Craquelures ▶ 1 litre de vernis à craqueler à l'huile transparent
Finition ▶ 2 cuil. à soupe de couleur à l'huile rouge de cadmium / 1 cuil. à soupe de glacis à l'huile prêt à l'emploi / 1 cuil. à soupe de white-spirit
Couches protectrices facultatives ▶ 1 litre de vernis polyuréthanne incolore, satiné ou brillant

MATÉRIEL

2 ou 3 brosses à émulsion de 50 mm / 1 brosse à vernis de 25 mm / 1 seau à peinture / chiffons

INSTRUCTIONS

TRAVAILLEZ TOUJOURS DANS UN LIEU BIEN AÉRÉ

Couches de fond

Mélangez bien la peinture et appliquez deux couches uniformes à la brosse à émulsion (p. 34) sur la surface préparée. Laissez sécher chaque couche 24 h.

Craquelures

1 Appliquez une couche uniforme de vernis à craqueler sur toute la surface avec la brosse à vernis, et attendez qu'il devienne collant (environ 30 mn).

2 Passez une deuxième couche et laissez sécher complètement (1 h). Au cours du séchage, de fines craquelures se formeront en surface.

Deux variantes : à gauche, fond brillant vert foncé et finition colorée avec 2 cuil. à soupe de jaune brillant ; à droite, fond brillant rouge foncé et finition colorée avec 1 cuil. à soupe de blanc de titane, 1/2 cuil. à soupe de rouge de cadmium et 1/2 cuil. à soupe de jaune brillant.

CRAQUELURES À L'HUILE

❶ ROUGE SUR NOIR
Recette de base : une combinaison étonnante, parfaite pour les antiquités chinoises.

❷ BLEU SUR OCRE
Cette teinte moderne trouvera sa place dans un intérieur traditionnel. Un jaune antique foncé sert de fond ; 2 1/2 cuil. à soupe de bleu de cobalt et 1/2 cuil. à soupe de blanc de titane teintent la finition.

❸ ROUGE SUR JAUNE ANTIQUE
Les craquelures qui apparaissent sur le fond pierre sont colorées avec 1 cuil. à soupe d'ocre jaune, 1/2 cuil. à soupe d'oxyde rouge et 1/2 cuil. à soupe d'ombre naturelle.

❹ GRIS PÂLE SUR BORDEAUX
Les craquelures qui sillonnent la base rouge bordeaux sont colorées avec 1 cuil. à soupe de gris neutre et 1 cuil. à soupe de blanc de titane.

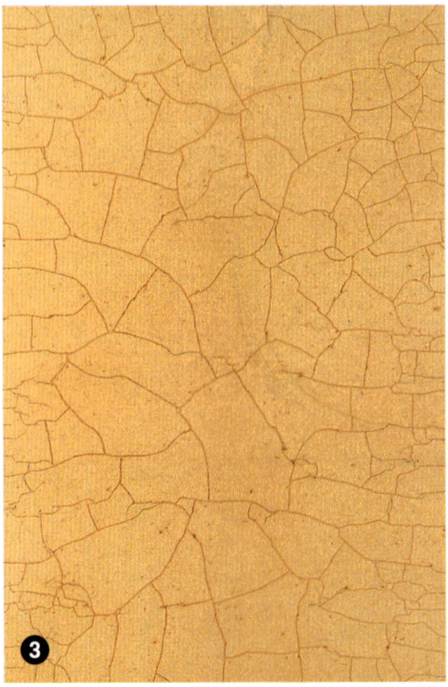

Finition

1 Mettez le rouge de cadmium dans le seau. Ajoutez le glacis à l'huile, le white-spirit, et mélangez bien.

2 Appliquez une couche uniforme sur toute la surface, avec une autre brosse à émulsion.

3 Ôtez la plus grande partie du glacis avec des chiffons propres, afin que la coloration rouge ne reste que dans les craquelures. Changez régulièrement de chiffon pour ne pas recouvrir la surface de glacis. Laissez sécher (24 h).

Note Pour une meilleure protection, appliquez deux couches de vernis avec la troisième brosse à émulsion, en laissant sécher chaque couche 24 h.

TEINTURE SUR BOIS

La teinture est une façon simple de transformer et de protéger le bois. Vous pouvez utiliser des couleurs à l'eau ou à l'huile, selon l'effet que vous avez en tête. La méthode à base d'huile – qui consiste à colorer de la cire fondue – met toute la palette des couleurs à l'huile à votre disposition. C'est l'approche traditionnelle, mais aussi la plus efficace : la cire durcit en séchant et empêche la couleur de passer. Toutefois, les pigments à l'huile sont très forts. Exécutée avec soin, la teinture à base d'eau peut créer un effet plus doux.

RECETTE DE BASE (À L'HUILE) – ROUGE FONCÉ

INGRÉDIENTS **50 g de cire d'abeille en perles / 2 cuil. à soupe de couleur à l'huile rouge de cadmium / 1 cuil. à soupe de rouge de Venise / 1/2 cuil. à soupe d'ombre naturelle**

MATÉRIEL **Bain-marie / vieille cuillère en bois / chiffons non pelucheux / 1 brosse ordinaire de 50 mm (facultatif) / 1 brosse à cirage (facultatif)**

INSTRUCTIONS

1 Faites chauffer la cire au bain-marie et mélangez de temps en temps à la cuillère en bois jusqu'à ce que vous obteniez un liquide lisse.

2 Ajoutez les couleurs et mélangez bien. Laissez sécher 10 mn environ pour obtenir une pâte tendre.

3 Étalez uniformément la cire à l'aide d'un tampon de chiffon sur la surface préparée, en frottant soigneusement.

❶ ROUGE FONCÉ Coloris de base : ce ton riche est typique de la teinture à l'huile.

❷ BLEU OUTREMER Teinture colorée par 3 cuil. à soupe de bleu outremer.

❸ JAUNE FONCÉ Amusant à utiliser, ce coloris se salit vite ; mieux vaut l'employer avec parcimonie sur un plancher ; 2 1/2 cuil. à soupe de jaune de cadmium et 1/2 cuil. à soupe d'ocre jaune donnent la teinte.

❹ OMBRE Teinture colorée par 2 cuil. à soupe d'ombre brûlée et 1 cuil. à soupe de Sienne naturelle.

Les bardeaux de cette maison du Nouveau-Brunswick ont été peints en une ravissante teinte Sienne. Une pimpante peinture blanche complète l'ensemble, à la fois résistant et décoratif.

(Vous pouvez aussi utiliser la brosse ordinaire pour appliquer la cire.) Sur de grandes surfaces, ne traitez pas plus de 1 m^2 à la fois. Laissez sécher (2 h).

4 Polissez avec un chiffon propre (ou la brosse à cirage) pour obtenir une finition riche et transparente.

Usage extérieur Terminez par deux couches de vernis polyuréthanne satiné, en laissant sécher chaque couche 24 h.

TEINTURE À BASE D'EAU

Solubles dans l'eau, les teintures pour tissus ou pour bois et les pigments en poudre sont efficaces et offrent un grand choix de couleurs. Les coloris étant parfois très vifs, il est sage de faire des essais sur un morceau de bois avant de commencer. Voyez la légende p. 119 pour mélanger les pigments en poudre. Avec les teintures pour tissus ou pour bois, commencez par mélanger 1 cuil. à café de couleur à 500 ml d'eau, et ajoutez de l'eau ou de la couleur jusqu'à ce que vous obteniez la teinte voulue. Appliquez ces teintures uniformément pour éviter qu'elles ne forment des taches en séchant. Protégez avec du vernis acrylique mat, satiné ou brillant.

TEINTURE DES SOLS

La décoration des sols est un excellent moyen de raviver un vieux parquet en piètre état ou de mauvaise qualité, ou tout plancher trop terne pour rester tel quel. Si vous n'êtes pas très aguerri, choisissez un dessin géométrique, aux motifs larges et simples. Mesurez le sol et dessinez un plan à l'échelle sur du papier quadrillé. Fixez une feuille de papier-calque sur le plan et disposez les motifs sur la surface, en faisant les rectifications nécessaires pour qu'ils corres-

❺ TEINTURE À L'EAU

Toutes les couleurs de ce motif très simple sont un mélange d'un volume de pigments en poudre pour deux volumes d'eau. Les quantités varient selon la surface à peindre. Pour cette surface (1,25 x 1,50 m), on a utilisé : Triangles verts : 25 g de vert mousse et 2 cuil. à soupe d'eau. Triangles bleus : 25 g de bleu de cobalt et 2 cuil. à soupe d'eau. Triangles rose foncé : 12,5 g de laque de garance rose, 12,5 g de blanc et 2 cuil. à soupe d'eau. Triangles rose pâle : 12,5 g d'ocre jaune, 12,5 g de rose portrait et 2 cuil. à soupe d'eau. Bandes transversales : 25 g d'ocre jaune et 2 cuil. à soupe d'eau. Carrés : 12,5 g de noir, 12,5 g de blanc et 2 cuil. à soupe d'eau.

pondent aux dimensions du sol. Pour les couleurs, testez vos idées en effectuant une série d'esquisses aux feutres ou aux crayons de couleur. Lorsque votre choix est fait, ajoutez les couleurs sur votre calque, en remplissant les motifs avec soin. Transférez ensuite, à l'aide d'un mètre, le dessin sur la surface préparée. En suivant l'une ou l'autre méthode (à l'eau ou à l'huile), travaillez une seule couleur à la fois, et prenez soin de protéger les parties que vous ne voulez pas peindre avec du ruban de masquage. Attendez que chaque couleur soit complètement sèche avant de passer à la suivante.

BOIS FROTTÉ

Cette double technique de coloration et de patine redonne au vieux bois une nouvelle jeunesse et vous permettra de créer une harmonie parfaite dans votre décor. Amusez-vous à chiner chez les brocanteurs pour trouver de vieux meubles à transformer ; les lignes simples et sobres sont vivement conseillées. L'effet reste feutré, car une partie des couleurs du bois, son veinage et son grain demeurent visibles. Si le meuble est vernis, vous devrez le décaper avant de l'apprêter. Si vous travaillez sur un meuble neuf, vous pouvez le vieillir avant de le colorer à votre guise. Rien n'empêche de choisir une couleur pour les pieds et le dossier d'une chaise, et une autre pour le siège, par exemple. Dans ce cas, apprêtez toute la surface et utilisez du ruban de masquage (réduisez-en l'effet collant en le tamponnant sur un chiffon) pour protéger les parties que vous ne voulez pas recouvrir de votre premier glacis. Puis suivez la recette pour appliquer chaque couleur.

RECETTE DE BASE – VERT MOUSSE SUR BOIS BLOND

INGRÉDIENTS

Enduit ▸ 500 ml de cirage blanc
Glacis frotté ▸ 500 ml d'émulsion vinylique mate blanche ▸ 2 cuil. à soupe de glacis acrylique transparent / 1 cuil. à soupe de couleur acrylique vert de Hooker / 1/2 cuil. à soupe de vert olive clair / 1/2 cuil. à soupe d'ocre jaune / 1 cuil. à soupe d'eau (1 couche)
Couche protectrice facultative ▸ 500 ml de vernis acrylique incolore, mat ou satiné

MATÉRIEL

Poinçon ou marteau et clou de 50 mm (facultatif) / cutter (facultatif) / chiffons non pelucheux / papier de verre à grain moyen / 1 seau à peinture / 1 brosse ordinaire de 50 mm / 1 brosse à vernis de 50 mm (facultatif)

INSTRUCTIONS

Patine (facultatif)

Avec le poinçon (ou le marteau et le clou), faites de petits trous sur la surface préparée pour imiter la vermoulure. Vous pouvez ajouter quelques incisions au cutter et de petites marques au marteau.

Enduit

1 Avec un tampon de chiffon, appliquez une mince couche uniforme de cirage blanc. Laissez sécher (1 h) et polissez avec un chiffon propre.
2 Avec le papier de verre, poncez légèrement toute la surface. Il s'agit de former une surface légèrement rugueuse pour faire adhérer le glacis, sans toutefois enlever trop de cirage.

Ci-contre et ci-dessus : quatre variantes. Vert : recette de base. Lilas : 1 1/2 cuil. à soupe de violet clair et 1/2 cuil. à soupe de blanc de titane. Bleu : 1 1/2 cuil. à soupe d'outremer et 1/2 cuil. à soupe d'ombre brûlée. Sable : 1 1/2 cuil. à soupe d'ocre jaune et 1/2 cuil. à soupe d'ombre brûlée.

BOIS FROTTÉ

❶ VERT MOUSSE SUR BOIS BLOND
Recette de base : cette finition durable et résistante convient bien aux cuisines. Dans les quatre exemples, le glacis est frotté dans le sens du fil, pour un résultat proche du lissage.

❷ OMBRE RICHE
Un coloris polyvalent qui donne un ton chaud et naturel au bois : 2 cuil. à soupe d'ombre naturelle colorent le glacis.

❸ VIOLET
Ce ton contemporain est réalisé avec 2 cuil. à soupe de violet brillant.

❹ TURQUOISE
Cette autre couleur vive et moderne s'accorderait tout à fait à une salle de bains. Le glacis est coloré avec 1 1/2 cuil. à soupe de bleu turquoise et 1/2 cuil. à soupe de bleu de cobalt.

Glacis frotté

1 Versez l'émulsion dans le seau. Ajoutez le glacis, les couleurs et l'eau (peu à peu), en mélangeant bien.

2 Avec la brosse ordinaire, appliquez le glacis en couche épaisse sur toute la surface et attendez qu'il devienne collant (environ 5 mn).

3 Avec un autre chiffon, essuyez le glacis sur les surfaces planes pour ne laisser qu'un mince voile de couleur ; gardez davantage de glacis sur les détails. Laissez sécher (2 h).

Note Répétez l'étape du glacis frotté si vous souhaitez obtenir une plus grande intensité de couleur. Pour une meilleure protection, passez une couche de vernis et laissez sécher (2-3 h).

Usage extérieur Terminez par deux couches de vernis polyuréthanne satiné, en laissant sécher chaque couche 24 h.

Les boiseries de cet intérieur ancien ont été frottées avec une couleur pâle pour donner l'apparence du badigeon. L'effet traditionnel et vétuste s'harmonise avec la chaise d'époque.

BADIGEON SUR BOIS

Cette méthode, qui donne au bois une teinte pâle et délavée, convient aux cuisines et aux meubles que l'on souhaite assortir à un nouveau décor. Plus facile que la finition précédente, elle crée elle aussi un aspect doux qui laisse apparaître les veines du bois, et permet de transformer à peu de frais les bois de qualité médiocre. Il existe des badigeons à bois prêts à l'emploi, mais le choix des couleurs est limité et il est plus économique de faire soi-même son mélange. Vernissez les surfaces que vous destinez à une cuisine ou une salle de bains.

❶ BLEU FONCÉ
Recette de base : ce coloris subtil, qui révèle les veines du bois sous la couche de glacis, rendrait très bien dans une cuisine ou une salle de bains.

❷ VIEUX ROSE
Ce coloris délicat souligne la beauté du bois : 1 cuil. à soupe de cramoisi d'alizarine, 1 cuil. à soupe de blanc de titane, 1/2 cuil. à soupe de Sienne naturelle et 1/2 cuil. à soupe de lilas colorent le glacis.

❸ VERT PÂLE
Cette couleur tendre, parfaite pour les cuisines et jardins d'hiver, est réalisée avec 2 cuil. à soupe de vert de vessie, 1 cuil. à soupe de Sienne naturelle et 1/2 cuil. à soupe de blanc de titane.

❹ SIENNE NATURELLE
Un coloris polyvalent qui rehaussera tous les bois neufs : le mélange est préparé avec 2 cuil. à soupe de Sienne naturelle et 1 cuil. à soupe d'ombre naturelle.

RECETTE DE BASE – BLEU FONCÉ

INGRÉDIENTS

500 ml d'émulsion vinylique mate blanche / 2 cuil. à soupe de couleur acrylique bleu outremer / 1 cuil. à soupe de bleu de cobalt / 1/2 cuil. à soupe d'ombre brûlée / 150-200 ml d'eau
Couche protectrice facultative ▶ 500 ml de vernis acrylique incolore, mat ou satiné

MATÉRIEL

1 seau à peinture / 1 brosse à émulsion de 75 mm / chiffon non pelucheux / 1 brosse à vernis de 50 mm (facultatif)

INSTRUCTIONS

1 Versez l'émulsion dans le seau. Ajoutez les bleus outremer et de cobalt, l'ombre brûlée et l'eau (peu à peu), en mélangeant sans cesse jusqu'à obtention d'une consistance laiteuse.
2 Avec la brosse à émulsion, étendez le badigeon sur le bois, dans le sens du fil (ce dernier doit apparaître sous la fine couche). Laissez sécher 15-20 mn.
3 Avec un tampon de chiffon, essuyez la surface pour révéler davantage les veines et la texture du bois. Laissez sécher (1 h).

Note Pour une finition plus résistante, passez une ou deux couches de vernis, en laissant sécher chaque couche 2-3 h.

Ci-dessus : la porte et les plinthes ont été badigeonnées dans un joli bleu. Cette finition s'harmonise parfaitement avec le plâtre coloré des murs.

À droite : le bleu pâle et frais de cet élément de cuisine a été délicatement patiné (sans doute à la laine d'acier). Il a ensuite été recouvert d'une couche de cire à céruser (voir p. 102).

À droite : le bleu apporte une note intéressante dans cet exemple de peinture sur bois vieillie (p. 129). Le ton indigo qui habille le corps de ce petit placard ajoute au charme du meuble, décoré de tons ocre patinés.

À droite : une projection de deux tons de bleu (p. 106) forme une toile de fond idéale pour une peinture à la main sur une surface murale de style. Notez l'emploi astucieux de couleurs semblables sur la bordure de la base.

À gauche : un autre exemple de peinture sur bois vieillie, d'ınfluence ethnique. Remarquez la texture poudreuse et ternie des étagères peintes. Du blanc de Meudon (50 g) ajouté au glacis et frotté vous permettra de reproduire cet effet tout simple.

PiKe
1930

PEINTURE VIEILLIE

Appliquée sur des meubles, cette technique donne l'illusion de plusieurs couches de peinture qui se seraient peu à peu écaillées au fil des ans. L'art d'imiter la peinture vieillie, tout comme celui des craquelures (pp. 112-116), remonte au XVIIIe siècle, et constitue un excellent moyen de donner au bois neuf et bon marché l'aspect désuet qu'il aurait acquis avec le temps. Les rouges et verts foncés conféreront un style d'époque tandis que des coloris vifs et contrastés s'accorderont à un cadre contemporain. Les écaillures seront modestes ou accentuées, selon le degré de patine désiré. Pour plus de réalisme, étudiez d'authentiques vieux meubles et observez l'usure de la peinture.

RECETTE DE BASE – JAUNE FONCÉ SUR OMBRE BRÛLÉE

INGRÉDIENTS

Cire ▸ 250 ml d'encaustique incolore ou de cire d'abeille
Badigeon ▸ 2 cuil. à soupe de couleur acrylique ombre brûlée / 1 cuil. à soupe d'eau
Émulsion ▸ 500 ml d'émulsion vinylique mate blanche / 2 cuil. à soupe de couleur acrylique jaune de cadmium / 1 cuil. à soupe d'ocre bronze / 1/2 cuil. à soupe de rouge de Venise
Glacis ▸ 500 ml d'émulsion vinylique mate blanche / 1 cuil. à soupe de couleur acrylique jaune de cadmium / 1/2 cuil. à soupe d'ocre bronze / 4 cuil. à soupe d'eau
Couche protectrice facultative ▸ 250 ml de cire pour meubles incolore ou 500 ml de vernis acrylique satiné incolore

MATÉRIEL

1 brosse ordinaire de 25 mm / crayon / papier à dessin / 3 seaux à peinture / 1 brosse à émulsion de 25 mm / 2 brosses à émulsion de 50 mm / 1 grattoir ou spatule / chiffons / papier de verre à grain moyen / 1 brosse à vernis de 50 mm (facultatif)

INSTRUCTIONS

Cire

Avec la brosse ordinaire, tamponnez de la cire sur les parties de la surface préparée que vous voulez faire apparaître en phase finale. Variez autant que possible la longueur et l'espacement des formes. Il vaut mieux appliquer la cire uniformément en une série de lignes plutôt qu'à coups irréguliers. Laissez sécher (24 h). Comme il s'agit d'une technique de réserve (la peinture n'adhère pas de façon permanente à la cire), il est sage de repérer les parties cirées sur un croquis pour pouvoir les retrouver ensuite.

Badigeon

1 Mettez l'ombre brûlée dans un seau et ajoutez l'eau (peu à peu), en mélangeant bien.

2 Avec la brosse à émulsion de 25 mm, étendez le badigeon sur le bois dans le sens du fil. Laissez sécher (1 h).

Émulsion

1 Versez l'émulsion dans un autre seau. Ajoutez le jaune de cadmium, l'ocre bronze, le rouge de Venise, et mélangez bien.

Ci-contre : cette table volante toute neuve a été vieillie selon une version raccourcie de la recette de base. Le badigeon a été préparé avec 3 cuil. à soupe de jaune de cadmium, puis directement recouvert d'un glacis coloré avec 2 cuil. à soupe de vert vif.

PEINTURE VIEILLIE

❶ JAUNE FONCÉ SUR OMBRE BRÛLÉE
Recette de base : ce mélange naturel et résistant, typique du mobilier rustique français, rendrait bien dans une cuisine.

❷ BORDEAUX SUR CORAIL
Le coloris de cette variante évoque la campagne. La couche de badigeon a été omise ; l'émulsion est colorée avec 2 cuil. à soupe de rouge de cadmium, 1/2 cuil. à soupe de blanc de titane et 1/2 cuil. à soupe de Sienne naturelle ; le glacis, avec 2 cuil. à soupe de Sienne naturelle et 1 cuil. à soupe d'oxyde rouge.

❸ BLEU PÂLE SUR OUTREMER
Ici encore, le badigeon a été omis. L'émulsion est colorée avec 3 cuil. à soupe de bleu outremer, et le glacis avec 1 cuil. à soupe de bleu de cobalt, 1 cuil. à soupe de bleu outremer clair et 1 cuil. à soupe de blanc de titane.

❹ VIOLET SUR PIERRE
Dans cette version contemporaine, le badigeon est teinté de 50 g de pigment en poudre ocre jaune. Les autres couches utilisent de la couleur acrylique : 3 cuil. à soupe d'ocre jaune pour l'émulsion ; 2 cuil. à soupe de violet brillant et 1 cuil. à soupe de bleu de cobalt pour le glacis.

2 Avec une brosse à émulsion de 50 mm, appliquez une couche uniforme sur la surface dans le sens du fil. Laissez sécher (2-3 h).

Glacis

1 Versez l'émulsion dans le troisième seau. Ajoutez les couleurs et l'eau (peu à peu), en mélangeant bien.
2 Appliquez une couche uniforme dans le sens du grain, avec l'autre brosse à émulsion de 50 mm. Laissez sécher un peu (30-40 mn).

Vieillissement

1 En vous référant à votre croquis, enlevez au grattoir (ou à la spatule) autant de couches de peinture que possible dans les parties cirées.
2 Adoucissez les arêtes avec du papier de verre.

Note Pour une finition plus résistante, enduisez la surface d'une couche de cire ou de vernis. Laissez sécher 2-3 h.

PALETTE SCANDINAVE

Cette porte est peinte dans des tons typiques de la palette scandinave, selon une technique de vieillissement (p. 129) ; la peinture murale est un motif floral caractéristique de la région.

La palette de couleurs scandinave, fortement influencée par la nature, connaît un engouement accru depuis quelques années. Les bleus et les verts cotonneux des paysages nordiques prédominent, agrémentés d'une variété de tons terre utilisés dans les subtiles décorations florales. C'est au cours des longs mois d'hiver que les paysans passaient jadis de nombreuses heures à sculpter et peindre les buffets, vaisseliers et armoires tant admirés aujourd'hui. La simplicité des formes et la légèreté des couleurs propres à ce style forment un décor idéal pour les cuisines et les salles de bains.

Dans cette recette, j'ai élaboré une finition vieillie simple et sobre, adaptée à la palette scandinave. Comme toutes les techniques de couleurs altérées, celle-ci associe des couches irrégulières de couleurs différentes qui donnent une certaine authenticité et beaucoup de corps. Elle est idéale pour les meubles utilitaires et, réalisée à partir de produits à l'eau, s'applique sur la plupart des bois. C'est une façon charmante de décorer un meuble d'occasion ou de rajeunir de vieux placards de cuisine.

RECETTE DE BASE – BLEU-GRIS SUR VERT LIERRE

INGRÉDIENTS

Émulsion ▸ 500 ml d'émulsion vinylique mate blanche / 3 cuil. à soupe de couleur acrylique vert de Hooker / 2 cuil. à soupe de vert olive clair

Glacis ▸ 500 ml d'émulsion vinylique mate blanche / 3 cuil. à soupe de couleur acrylique bleu monastial / 1 cuil. à soupe de bleu de cobalt / 1 cuil. à soupe de gris de Payne / 2 cuil. à soupe d'eau

Couche protectrice facultative ▸ 500 ml de vernis acrylique satiné incolore

MATÉRIEL

2 seaux à peinture / 2 brosses à émulsion de 50 mm / chiffons / 1 brosse à vernis de 50 mm (facultatif)

PALETTE SCANDINAVE

INSTRUCTIONS

Émulsion

1 Versez l'émulsion dans un seau. Ajoutez les verts de Hooker et olive clair et mélangez bien.

2 Appliquez sur la surface préparée, en travaillant dans le sens du fil, et laissez sécher (2-3 h).

Glacis

1 Versez l'émulsion dans l'autre seau. Ajoutez le bleu monastial, le bleu de cobalt, le gris de Payne et l'eau (peu à peu), en mélangeant bien.

2 Étendez sur toute la surface dans le sens du fil.

3 Lorsque la couche a pris mais n'est pas encore sèche (environ 30 mn), essuyez doucement avec un chiffon, toujours dans le sens du fil, pour révéler une partie de l'émulsion. Laissez sécher (2-3 h).

Note Pour obtenir un ton plus profond, répétez l'étape du glacis ou préparez-le sans eau. Dans ce dernier cas, le glacis séchera plus vite et vous pourrez le frotter sans attendre.

❶ BLEU-GRIS SUR VERT LIERRE
Tons classiques parfaits pour la décoration : on a laissé le glacis prendre pendant 10 minutes.

❷ VERT SUR PIERRE
L'émulsion a été colorée avec 2 cuil. à soupe d'ocre jaune, le glacis avec 3 cuil. à soupe de vert sapin et 1 cuil. à soupe de bleu monastial.

❸ GRIS SUR BLEU PÂLE
L'émulsion est colorée avec 3 cuil. à soupe de bleu de cobalt ; le glacis avec 3 cuil. à soupe de gris neutre et 2 cuil. à soupe d'ombre brûlée.

❹ CORAIL SUR OMBRE
Variante préparée avec 4 cuil. à soupe d'ombre brûlée (émulsion) et 2 cuil. à soupe de Sienne naturelle (glacis).

Pour une meilleure protection, terminez en appliquant une couche de vernis acrylique sur la surface.

Usage extérieur La coutume scandinave préconise d'utiliser plutôt la teinture pour une surface extérieure. Suivez la recette de base p. 117, en choisissant des couleurs à l'huile plus conformes à la palette scandinave. Pour les éléments d'extérieur en bois, comme les encadrements de fenêtres et les volets, les mêmes teintures à l'huile peuvent être utilisées, mais recouvrez-les d'une couche de vernis polyuréthanne satiné et laissez-les sécher pendant 24 h.

Les fenêtres en trompe-l'œil contribuent à l'originalité de cet intérieur scandinave, tandis que les boiseries et les dossiers de chaise superbement décorés apportent une touche traditionnelle.

PALETTE SHAKER

Le style Shaker semble séduire un nombre croissant de personnes, peut-être en raison de la sobriété et de la cohérence qu'évoque le mode de vie de cette communauté religieuse américaine, deux caractères que l'on retrouve dans la simplicité de l'architecture, de la décoration intérieure et du mobilier. L'extérieur des lieux de travail était peint en tons bruns et jaunes ; seuls les bâtiments publics pouvaient s'enorgueillir d'une peinture blanche, plus chère. Les maisons étaient souvent crème, avec des boiseries brun foncé, vert bouteille ou rouge sombre à l'intérieur. Les adeptes aimaient les couleurs franches et unies qui, malgré une certaine austérité, dégagent un charme incontestable.

Ce brun foncé est typique de la palette Shaker. Les boiseries sont généralement en érable ou en pin.

Dans ces communautés vivant en autarcie, la peinture était souvent préparée avec les produits locaux. Le lait entier constituait le médium habituel ; mélangé à d'onéreux pigments en poudre et à un peu de chaux, il donnait une peinture économique, durable, facile à employer et offrant un velouté et une profondeur sans égal. On trouve encore de nos jours des peintures au lait, ou à la caséine, dans un grand choix de couleurs Shaker, préparées avec du babeurre ou du lait écrémé en poudre, ou vendues sous forme de pigment pur, à mélanger. Elles forment la meilleure façon de recréer les tonalités authentiques des intérieurs Shaker : je vous les recommande vivement pour cette recette, laquelle utilise une technique de réserve très simple pour un effet patiné.

RECETTE DE BASE – ROUGE COLONIAL FONCÉ SUR OCRE JAUNE

INGRÉDIENTS

Couche de fond ▸ 500 ml de peinture à la caséine ocre jaune
Cire ▸ 500 ml de cire d'abeille ou d'encaustique incolore
Couche supérieure ▸ 500 ml de peinture à la caséine rouge foncé
Couche protectrice facultative ▸ 1 litre de vernis polyuréthanne satiné incolore

MATÉRIEL

2 ou 3 brosses ordinaires de 50 mm / 1 brosse ordinaire de 25 mm / gants jetables / laine d'acier

INSTRUCTIONS

TRAVAILLEZ TOUJOURS DANS UN LIEU BIEN AÉRÉ

Couche de fond

Mélangez bien la peinture ocre jaune. Avec une brosse de 50 mm, appliquez une couche uniforme (p. 34) sur la surface préparée, et laissez sécher (24 h). Les peintures à la caséine

❶ ROUGE COLONIAL FONCÉ SUR OCRE
Recette de base : la profondeur des tons et la densité des couleurs sont caractéristiques des boiseries Shaker.

❷ JAUNE ANTIQUE SUR BLEU-GRIS
Autre variante appréciée : l'usure est à peine sensible autour de la poignée, mais l'on peut accentuer l'effet.

❸ OCRE SUR ROUGE FONCÉ
Les couleurs de la recette de base ont été inversées pour produire un effet plus nuancé.

❹ BLEU-GRIS SUR OCRE
Une jolie combinaison de couleurs de style Shaker, parfaite pour une cuisine ou une salle de bains.

produisent une finition lisse qui ne nécessite généralement pas une deuxième couche.

Cire

Avec la brosse de 25 mm, passez une couche généreuse de cire sur les parties que vous voulez vieillir. (La couche supérieure n'y adhérera pas de façon permanente.) Laissez sécher (1 h).

Couche supérieure

1 Mélangez bien la peinture rouge foncé et appliquez une bonne couche uniforme avec une autre brosse de 50 mm. Laissez sécher (24 h).
2 Mettez les gants et poncez légèrement à la laine d'acier, en insistant sur les parties cirées, jusqu'à ce que le fond apparaisse.

Note Pour une meilleure protection, appliquez deux couches de vernis avec la troisième brosse de 50 mm, et laissez sécher chaque couche 24 h.

Les produits à base aqueuse existent dans une vaste gamme de couleurs, notamment en teintes Shaker. Ici, on a principalement utilisé des couleurs acryliques pour teinter une émulsion vinylique satinée (500 ml).

Le ton pierre formant la base des paniers brun et rose est réalisé avec 2 cuil. à soupe d'ocre jaune. La peinture brune est colorée avec 3 cuil. à soupe d'ombre naturelle, 1 cuil. à soupe d'ocre jaune et 1 cuil. à soupe d'ombre brûlée ; le vieux rose avec 2 cuil. à soupe de rouge de cadmium, 1 cuil. à soupe d'ombre naturelle et 1/4 de cuil. à soupe de bleu de cobalt.

Le vert, préparé à partir de 3 cuil. à soupe de vert de vessie et 1 cuil. à soupe d'ombre naturelle, est appliqué sur le vieux rose décrit plus haut. Le bleu est une émulsion vinylique satinée prête à l'emploi, étendue sur un fond coloré avec 2 cuil. à soupe de bleu de cobalt.

STYLE SHAKER À L'EAU

Les peintures à la caséine mettent du temps à sécher, mais on peut les remplacer par des émulsions vinyliques à l'eau, que l'on trouve prêtes à l'emploi dans la gamme de couleurs Shaker. Les émulsions sont particulièrement adaptées aux petites pièces sombres qui pourraient souffrir de l'aspect dense et mat caractéristique des peintures au lait. En outre, étant donné leur faible toxicité, elles conviennent bien aux chambres d'enfants.

Suivez les quantités données dans la recette de base en utilisant de la peinture prête à l'emploi, ou en colorant 500 ml d'émulsion vinylique satinée avec les couleurs acryliques souhaitées ; appliquez ensuite la cire selon la méthode indiquée. Deux couches supérieures seront peut-être nécessaires pour rendre l'effet de la peinture à la caséine. Laissez sécher chaque couche 2-3 h, poncez et protégez la surface avec deux couches de vernis acrylique satiné incolore que vous laisserez sécher 2-3 h à chaque fois.

5 VERT D'EAU SUR BLANC
Pour obtenir ce vert, on a coloré 500 ml d'émulsion vinylique satinée blanche avec 3 cuil. à soupe de vert de chrome et 1 cuil. à soupe de bleu de cobalt : un coloris frais et original, dans la pure tradition Shaker.

6 TERRE CUITE SUR GRIS
La terre cuite est une émulsion satinée prête à l'emploi, la couche de fond une émulsion vinylique satinée blanche (500 ml) colorée avec 2 cuil. à soupe de gris neutre.

7 CRÈME SUR BLEU PÂLE
Un coloris léger, sorti tout droit du nuancier Shaker : 2 cuil. à soupe de bleu de cobalt ajoutées à 500 ml d'émulsion vinylique satinée blanche forment la couche de fond ; la couleur crème est obtenue avec 2 cuil. à soupe d'ocre jaune pour le même volume d'émulsion.

8 BLEU PÂLE SUR TERRE CUITE
Autre variante pleine de fraîcheur : le fond est l'émulsion prête à l'emploi utilisée dans l'exemple 6, la couche supérieure une émulsion vinylique satinée blanche (500 ml) colorée avec 3 cuil. à soupe de bleu de cobalt.

TECHNIQUE DU PEIGNE

La peinture au peigne procède des techniques du veinage mais donne un effet plus formel et moins réaliste. C'est une finition très prisée pour le décor des meubles, mais déconseillée sur les grands panneaux car il n'est guère aisé de maintenir un mouvement continu. On peut combiner deux couleurs vives, mais les plus beaux résultats s'obtiennent par l'association d'une base blanche ou pâle et d'un glacis plus foncé, ou inversement. La recette met en œuvre des produits à l'huile, plus lents à sécher et donc plus faciles à corriger. On trouve des peignes en caoutchouc dans le commerce (p. 29), mais vous pouvez fabriquer le vôtre dans du carton ou un couvercle en plastique. Il est plus facile de travailler sur des surfaces horizontales ; sur un pan vertical, partez toujours du coin supérieur. Les droitiers travailleront depuis la gauche, les gauchers depuis la droite. Avec des peignes de diverses tailles, vous pourrez créer toutes sortes de motifs, tels le moiré, les croisillons et les effets de vannerie.

RECETTE DE BASE – OMBRE BRÛLÉE SUR TERRE CUITE

INGRÉDIENTS

Couche de fond ▸ 500 ml de peinture coquille d'œuf blanche (sans odeur) / 1 1/2 cuil. à soupe de couleur à l'huile ocre jaune / 1/2 cuil. à soupe de rouge de Venise / 1/4 de cuil. à soupe d'ombre naturelle

Glacis ▸ 500 ml de glacis à l'huile transparent prêt à l'emploi / 3 cuil. à soupe de couleur à l'huile ombre brûlée / 1 cuil. à soupe d'ombre naturelle / 200 ml de white-spirit

Couche protectrice ▸ 500 ml de vernis à l'huile mat

MATÉRIEL

2 seaux à peinture / 3 brosses ordinaires de 50 mm / 1 brosse à pocher ou brosse plate large / gants jetables / peigne / chiffons

INSTRUCTIONS

TRAVAILLEZ TOUJOURS DANS UN LIEU BIEN AÉRÉ

Couche de fond

1 Versez la coquille d'œuf dans un seau. Ajoutez l'ocre jaune, le rouge de Venise, l'ombre naturelle, et mélangez bien.

2 Appliquez uniformément sur la surface préparée (p. 34), avec une brosse ordinaire, et laissez sécher (24 h).

Glacis

1 Versez le glacis à l'huile dans l'autre seau. Ajoutez l'ombre brûlée, l'ombre naturelle et le white-spirit (peu à peu), en mélangeant bien.

2 Appliquez une couche uniforme de glacis sur la surface avec une deuxième brosse ordinaire.

3 Avec la brosse à pocher (ou la brosse plate), effacez les marques de pinceau en tapotant légèrement (p. 35).

4 Mettez les gants et tenez fermement le peigne à angle droit par rapport à la surface, en gardant le bras tendu aussi droit que possible. Tirez ou lissez le glacis de haut en bas en une série de tracés continus (p. 37). Essuyez le peigne sur un chiffon après chaque tracé. Essayez de ne pas superposer les tracés ni d'interrompre le mouvement. Évitez de repasser sur une erreur car vous ne feriez qu'enlever plus de couleur ; essuyez plutôt le glacis avec un chiffon imbibé de white-spirit, passez une autre couche de glacis et recommencez. Laissez sécher (24 h).

Couche protectrice

Avec la troisième brosse ordinaire, appliquez une couche uniforme de vernis et laissez sécher (24 h).

❶ OMBRE BRÛLÉE SUR TERRE CUITE
Recette de base : la finition au peigne est très résistante et s'adapte à toutes sortes de meubles. Elle se marie très bien aux intérieurs anciens.

❷ JAUNE SUR BLANC
Ce jaune lumineux est préparé avec 3 cuil. à soupe de jaune de cadmium. La couche de fond est une coquille d'œuf blanche.

❸ VERT FONCÉ SUR VERT PÂLE
Le fond vert pâle est coloré avec 1 1/2 cuil. à soupe de vert oxyde de chrome ; le glacis, avec 2 cuil. à soupe de vert oxyde de chrome et 1/2 cuil. à soupe de vert Guignet.

❹ BLEU SUR BLANC
Le glacis bleu, préparé avec 2 cuil. à soupe de bleu de cobalt, est appliqué sur une peinture coquille d'œuf blanche.

LES IMITATIONS DE PIERRE

Les effets de pierre font partie de ces finitions « trompeuses » conçues pour donner l'illusion de la matière. On recommande en général de ne les utiliser que là où l'on aurait voulu employer de la vraie pierre, mais les endroits les plus insolites peuvent pourtant se prêter à ce procédé, créant des effets saisissants de réalisme ou purement fantaisistes.

De nombreuses imitations, en particulier celle du marbre, donnent une impression de luxe et d'audace. Même les plus petites surfaces peuvent acquérir une certaine majesté grâce au faux marbre ; les salles de bains s'y prêtent le mieux, et décorer des pans de mur, des placards et même l'extérieur de la baignoire peut se révéler très amusant. Par ailleurs, une maison ancienne modernisée à la hâte peut retrouver de son caractère en recevant le même traitement. Les ornements architecturaux (plinthes, architraves et cimaises) et les plateaux de tables forment des supports idéaux. Les cheminées prendront également de l'allure avec une finition imitant le granite, pourvu qu'elles aient des formes simples.

Ci-dessus : éléments de cuisine décorés d'un effet de grès (p. 148) ; ces tons doux et veloutés adoucissent les lignes droites et fonctionnelles de la pièce.

Les intérieurs contemporains intègrent souvent de discrètes imitations de pierre, telles que le granite et le grès, aux finitions des murs. Le résultat est spectaculaire et met en valeur les objets d'arts ethniques ou folkloriques. Ces décors professionnels sont faciles à réaliser si l'on s'en tient aux techniques simples et aux aspects classiques. Toutefois, l'imitation de la pierre peut servir un dessein plus modeste. L'effet rustique de la terre cuite dans une maison de campagne évoquera les intérieurs méditerranéens, même dans les climats les plus froids. La technique s'applique à toutes sortes de surfaces, mais particulièrement

À droite : effet classique et traditionnel. L'imitation du granite (p. 152) sur ce pied de lampe en forme d'urne n'a plus rien de funèbre grâce à la présence inattendue d'une dorure délicatement patinée (p. 180).

À gauche : la cheminée de Charleston, la demeure favorite du « Bloomsbury Group », est ornée d'une imitation de granite qui doit sans doute son aspect rugueux à l'application de plusieurs couches d'enduit.

Ci-dessous : effet de pierre fantaisiste très similaire à celui du granite (p. 152), sous un faux lambris. Cette finition s'adapte bien aux intérieurs anciens, mais trouvera aussi sa place dans une pièce contemporaine.

aux ornements et meubles de jardin. Les vérandas et les serres aiment aussi les finitions sobres comme le grès, qui se marie si bien au feuillage.

Les peintres décorateurs recommandent souvent d'appliquer une première couche de gesso, mais cela ne sera pas nécessaire si la surface est solide et bien préparée car vous allez utiliser des peintures à l'eau. Vous pourrez donc les essayer sur maintes surfaces, même les plus inégales.

Les effets les plus somptueux, comme le porphyre et le lapis-lazuli, sont des techniques particulièrement raffinées, aux résultats aussi merveilleux qu'inattendus. La profondeur de leurs couleurs donne un aspect théâtral qu'il vaut mieux réserver aux surfaces de petites tailles pour leur donner une patine instantanée. D'ailleurs, toutes les imitations de pierre conviennent aux petits objets, comme les pieds de lampe et les chandeliers, et s'allient parfaitement aux finitions décoratives telles que la dorure (p. 180). Pour savoir quelles surfaces sont adaptées aux diverses techniques, étudiez le code de couleur de chaque recette et reportez-vous à la page 41.

MARBRE

Le faux marbre est peut-être la plus employée des imitations de pierre. Il est possible, avec de l'observation et de la pratique, de reproduire exactement l'aspect du matériau, mais dans ces recettes, j'ai choisi de vous montrer comment créer deux sortes de faux marbres « fantaisie ». Le procédé est plus simple, mais sachez cependant que le résultat dépendra de la liberté de la technique. Pour l'authenticité, prenez des photos de vrai marbre comme référence. Avant de commencer, choisissez un motif de base pour le veinage et les autres détails – il peut être dicté par la surface sur laquelle vous travaillez – et utilisez des tons proches. Trop de contraste nuirait au résultat final.

RECETTE DE BASE – MARBRE GRIS « FANTAISIE »

INGRÉDIENTS

Couche de fond ▶ 500 ml de peinture coquille d'œuf blanche (sans odeur) / 2 cuil. à soupe de couleur à l'huile gris neutre

Premier glacis ▶ 375 ml de glacis à l'huile transparent prêt à l'emploi / 3 cuil. à soupe de couleur à l'huile blanc de zinc / env. 200 ml de white-spirit

Deuxième glacis ▶ 375 ml de glacis à l'huile transparent prêt à l'emploi / 2 cuil. à soupe de couleur à l'huile gris neutre / 1 cuil. à soupe de blanc de zinc / env. 200 ml de white-spirit

Premier veinage ▶ 1 cuil. à soupe de couleur à l'huile noire / 1/2 cuil. à soupe de white-spirit

Deuxième veinage ▶ mêmes proportions, mais avec de l'ocre jaune

Couche protectrice ▶ 500 ml de vernis polyuréthanne satiné incolore / 50 g de craie en poudre

MATÉRIEL

Seaux à peinture (3 grands et 2 petits) / 2 brosses ordinaires de 50 mm / 2 brosses ordinaires de 25 mm / 1 blaireau à estomper ou brosse à adoucir / 1 brosse en soies de porc / 1 stripper ou petite brosse à tableau / chiffon

INSTRUCTIONS

TRAVAILLEZ TOUJOURS DANS UN LIEU BIEN AÉRÉ

Couche de fond

1 Versez la coquille d'œuf dans un grand seau. Ajoutez le gris neutre et mélangez bien.

2 Appliquez une couche uniforme (p. 34) sur la surface préparée, avec une brosse de 50 mm, et laissez sécher (24 h).

Premier glacis

1 Versez le glacis dans un autre grand seau. Ajoutez la couleur et 150 ml de white-spirit (peu à peu) ; mélangez bien.

2 Avec une brosse de 25 mm, appliquez sur la couche de fond à coups irréguliers en diagonale, en laissant apparaître environ un quart du fond.

3 Estompez légèrement la surface avec le blaireau (ou la brosse à adoucir) pour atténuer les coups de pinceau (p. 34).

4 Avec la brosse en soies de porc, aspergez un peu de white-spirit sur la surface, afin d'étendre le glacis ; vous lui donnerez ainsi plus de profondeur.

Deuxième glacis

1 Versez le glacis dans le troisième grand seau. Ajoutez le gris neutre, le blanc de zinc, 150 ml de white-spirit (peu à peu), et mélangez bien.

2 Avec l'autre brosse de 25 mm, appliquez le deuxième glacis en tous sens sur certaines des parties non enduites du premier glacis. Ce travail terminé, on doit pouvoir apercevoir des parties de la couche de fond.

3 Répétez l'estompage et l'aspersion du white-spirit sur le glacis.

Premier veinage

1 Mettez la couleur à l'huile noire dans un petit seau. Ajoutez le white-spirit (peu à peu) et mélangez bien.

2 Avec le stripper (ou la brosse à tableau), tracez une série de petites veines irrégulières sur le glacis humide. Travaillez en diagonale mais essayez de varier le dessin de chaque veine.. Tracez-en quelques-unes à la verticale, ajoutez des ramifications çà et là et continuez d'un bout à l'autre de la surface. Évitez tout effet uniforme si vous voulez créer un aspect authentique.

❶ MARBRE GRIS
Recette de base : le veinage est terminé et l'effet a été estompé avec une brosse à adoucir.
La photo A montre le premier glacis : le glacis blanc a été adouci puis dispersé. Le fond transparaît par endroits.
La photo B montre le deuxième glacis, plus foncé, et le premier veinage : le noir et le blanc se fondent pour produire d'authentiques veines à deux tons.

A

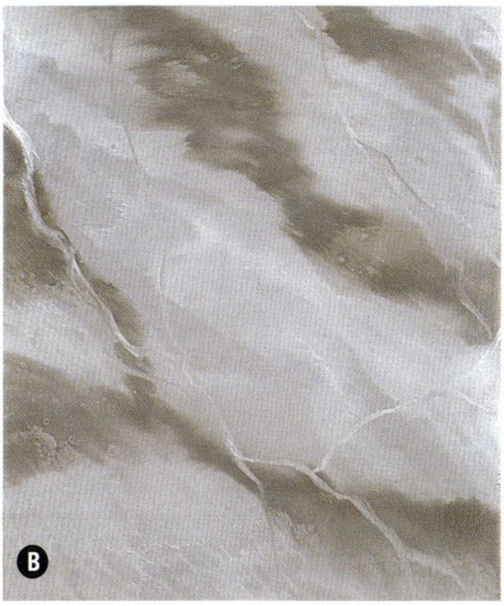
B

❶

Les lambris de cette pièce, traités dans des tons naturels de sable, sont mis en valeur par une élégante applique et quelques gravures anciennes. Ils montrent à quel point le faux marbre peut être proche de son modèle.

Deuxième veinage

1 Mettez l'ocre jaune dans l'autre petit seau. Ajoutez le white-spirit (peu à peu) et mélangez bien.

2 Dessinez d'autres veines, plus petites et moins nombreuses que les premières.

3 Passez le blaireau sur les veines ocre pour les estomper. Laissez sécher (24 h).

Couche protectrice

1 Appliquez une couche de vernis avec l'autre brosse de 50 mm et laissez sécher (12 h).

2 Saupoudrez la craie sur la surface presque sèche et polissez avec un chiffon pour obtenir un brillant « nuageux » analogue à celui du marbre.

VARIANTE – MARBRE NOIR ET OR « FANTAISIE »

INGRÉDIENTS

Couche de fond ▶ 500 ml de peinture coquille d'œuf blanche (sans odeur)
Premier glacis ▶ 250 ml de glacis à l'huile transparent prêt à l'emploi / 3 cuil. à soupe de couleur à l'huile blanc de zinc / 1 cuil. à soupe d'oxyde de chrome / 200 ml de white-spirit
Deuxième glacis ▶ 250 ml de glacis à l'huile / 2 cuil. à soupe de couleur à l'huile blanc de zinc / 1 cuil. à soupe d'ocre jaune / 200 ml de white-spirit
Premier veinage ▶ 1 cuil. à soupe de glacis à l'huile prêt à l'emploi / 1 cuil. à soupe de couleur à l'huile blanc de zinc / 1 cuil. à soupe de white-spirit
Deuxième veinage ▶ 1 cuil. à soupe de glacis à l'huile / 1/2 cuil. à soupe de couleur à l'huile blanc de zinc / 1/2 cuil. à soupe d'ocre jaune / 1 cuil. à soupe de white-spirit
Couche protectrice ▶ 500 ml de vernis polyuréthanne incolore satiné, ou à l'huile mat

MATÉRIEL

2 brosses ordinaires de 50 mm / seaux à peinture (2 grands et 2 petits) / 2 brosses ordinaires de 25 mm / 1 blaireau à estomper ou brosse à adoucir / 1 brosse en soies de porc / 1 stripper ou brosse à tableau fine / chiffon

INSTRUCTIONS

TRAVAILLEZ TOUJOURS DANS UN LIEU BIEN AÉRÉ

Couche de fond Mélangez bien la coquille d'œuf et appliquez une couche uniforme (p. 34) sur la surface préparée, avec une brosse de 50 mm. Laissez sécher (24 h).

Premier et deuxième glacis Suivez la recette de base pour les deux glacis, en conservant 50 ml de white-spirit pour adoucir les glacis.

Premier et deuxième veinages Suivez la recette de base pour les deux veinages, en mélangeant la couleur à l'huile et le white-spirit.

Couche protectrice Appliquez une couche de vernis avec l'autre brosse de 50 mm, et laissez sécher (24 h).

❷ MARBRE NOIR ET OR
Ce type de finition laisse une plus grande part à la fantaisie, car motifs et variations de couleurs peuvent varier à l'infini. Les glacis utilisés ici, plus dilués que dans la recette de base, offrent une finition plus transparente.

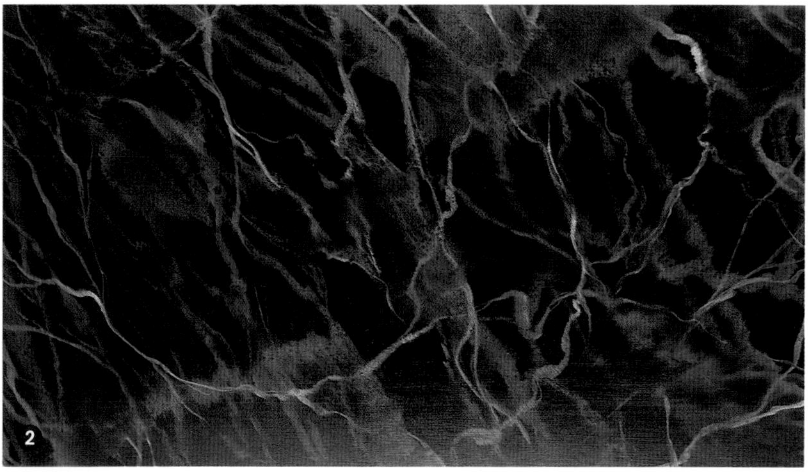

2

LAPIS-LAZULI

Avec ses merveilleux coloris rehaussés d'or, le lapis-lazuli est nommé à juste titre « pierre du paradis ». Imité depuis des siècles, il fait grand effet dans toutes sortes d'intérieurs, mais en raison de la difficulté à maîtriser l'homogénéité des projections, il convient surtout aux petites surfaces. Les produits à base d'huile sont préférables, car ils peuvent être travaillés plus longtemps et donnent des résultats plus doux. La couleur à l'huile bleu outremer (à base de lapis-lazuli) est chère, mais vous pouvez la remplacer par du bleu de cobalt.

RECETTE DE BASE – LAPIS-LAZULI

INGRÉDIENTS

Couche de fond ▸ 500 ml de peinture coquille d'œuf blanche (sans odeur)
Premier glacis ▸ 500 ml de glacis à l'huile transparent prêt à l'emploi / 3 cuil. à soupe de couleur à l'huile bleu outremer / 4 cuil. à soupe de white-spirit
Deuxième glacis ▸ 250 ml de glacis à l'huile prêt à l'emploi / 2 cuil. à soupe de couleur à l'huile noire / 2 cuil. à soupe de white-spirit
Première projection ▸ 2 cuil. à soupe de glacis à l'huile prêt à l'emploi / 1 cuil. à soupe de couleur à l'huile blanche / 2 cuil. à soupe de white-spirit
Deuxième projection ▸ 2 cuil. à soupe de glacis à l'huile prêt à l'emploi / 1 cuil. à soupe de couleur à l'huile ocre jaune / 2 cuil. à soupe de white-spirit
Troisième projection ▸ 2 cuil. à soupe de peinture dorée
Couche protectrice ▸ 500 ml de vernis polyuréthanne satiné incolore

MATÉRIEL

2 brosses ordinaires de 50 mm / seaux à peinture (2 grands et 3 petits) / 2 brosses ordinaires de 25 mm / 1 blaireau à estomper ou brosse à adoucir / 4 brosses en soies de porc

INSTRUCTIONS

TRAVAILLEZ TOUJOURS DANS UN LIEU BIEN AÉRÉ

Couche de fond

Remuez bien la coquille d'œuf et appliquez une couche uniforme (p. 34) sur la surface préparée, avec une brosse de 50 mm. Laissez sécher (24 h).

Premier glacis

1 Versez le glacis à l'huile dans un grand seau. Ajoutez le bleu outremer, le white-spirit (peu à peu), et mélangez bien.
2 Avec une brosse de 25 mm, appliquez sur la surface en mouvements amples et en diagonale, en laissant apparaître de petites parties du fond. Cette couche bleu outremer restera la couleur dominante.

Deuxième glacis

1 Versez le glacis dans l'autre grand seau. Ajoutez la couleur à l'huile noire, puis le white-spirit (peu à peu), et mélangez bien.
2 Avec l'autre brosse de 25 mm, appliquez le glacis sur les petites parties encore visibles de la couche de fond, en travaillant toujours en diagonale.

❶ LAPIS-LAZULI
Cet exemple montre la finition produite par la recette de base. Mais les couleurs du lapis-lazuli varient énormément, et l'on trouve des pierres beaucoup plus pâles ou plus rouges. Examinez bien le matériau (ou des photos) avant de mélanger vos couleurs. Les petites boîtes, bougeoirs et pieds de lampe se prêtent volontiers à cette décoration.

3 Adoucissez les deux glacis en passant le blaireau (ou la brosse à adoucir) légèrement sur la surface. Faites-le très brièvement pour ne pas tirer la peinture.

Première projection

1 Versez le glacis dans un petit seau. Ajoutez le blanc, le white-spirit (peu à peu), et mélangez bien.
2 Chargez de glacis l'une des brosses en soies de porc. En tenant une autre brosse sèche d'une main et la brosse chargée de l'autre, frappez le manche de la brosse chargée contre le manche de l'autre brosse, de façon à ce que la surface soit aspergée d'un semis de fines mouchetures (p. 36). Ne cherchez pas à rendre un effet uniforme ; mouchetez certaines parties plus que d'autres. Moins la brosse sera chargée, plus les mouchetures seront fines.

Deuxième projection

1 Versez le glacis dans un autre petit seau. Ajoutez l'ocre jaune, le white-spirit (peu à peu), et mélangez bien.
2 Chargez une troisième brosse en soies de porc et projetez d'autres mouchetures sur la surface, selon le même procédé irrégulier que ci-dessus.

Troisième projection

Versez la peinture dorée dans le troisième petit seau (les petits pots dans lesquels elle est vendue sont difficiles à utiliser). Chargez la dernière brosse en soies de porc et, comme précédemment, projetez de fines mouchetures sur la surface. C'est cette couche qui crée l'effet de pyrite caractéristique du lapis-lazuli ; elle doit rester discrète. Laissez sécher (24 h).

Couche protectrice

Appliquez une couche de vernis avec l'autre brosse de 50 mm et laissez sécher (24 h).

GRÈS

Par sa facilité, cette technique est idéale pour ceux qui souhaitent se lancer dans les imitations de pierre. L'effet est subtil et s'adapte à toutes sortes de surfaces. Ma recette utilise des peintures à l'eau, rapides d'application et très résistantes à l'usure. Une imitation grès sur les murs est un excellent moyen de créer une atmosphère grandiose et théâtrale ; sous forme de coupe de pierre (p. 94), elle peut aussi donner du caractère à une pièce. Les salles de bains et entrées sont parfaites pour cette finition, qui fait également beaucoup d'effet sur les ornements et meubles de jardin.

RECETTE DE BASE – GRÈS

INGRÉDIENTS

Couche de fond ▸ 500 ml d'émulsion vinylique mate blanche / 2 cuil. à soupe de couleur acrylique Sienne naturelle

Premier glacis ▸ 500 ml d'émulsion vinylique mate blanche / 2 cuil. à soupe de couleur acrylique Sienne naturelle / 2 cuil. à soupe d'eau / alcool à brûler

Deuxième glacis ▸ 500 ml d'émulsion vinylique mate blanche / 1/2 cuil. à soupe de couleur acrylique gris neutre / 2 cuil. à soupe d'eau / alcool à brûler

Troisième glacis ▸ 500 ml d'émulsion vinylique mate blanche / 2 cuil. à soupe d'eau / alcool à brûler

Couche protectrice ▸ 500 ml de vernis acrylique satiné incolore

MATÉRIEL

4 seaux à peinture / 1 brosse à émulsion de 50 mm / 4 éponges naturelles / eau pour humidifier les éponges / 1 atomiseur pour plantes / 1 brosse à vernis de 50 mm

INSTRUCTIONS

Couche de fond

1 Versez l'émulsion dans un seau. Ajoutez la Sienne naturelle et mélangez bien.

2 Étendez une couche uniforme (p. 34) sur la surface préparée, avec la brosse à émulsion. Laissez sécher (2-3 h).

Premier glacis

1 Versez l'émulsion dans un autre seau. Ajoutez la Sienne naturelle et l'eau (peu à peu), puis mélangez bien.

❶ GRÈS
Le support est ici une surface plane en bois, mais les ornements architecturaux et statues de plâtre se prêtent aussi à ce traitement.

L'imitation grès est ici utilisée sur une petite table de jardin. Le plateau de table est en Isorel, tandis que la base en forme de pilier est en plastique résistant. Ces surfaces ont été apprêtées (pp. 43 et 47) avant d'être peintes et protégées avec deux couches de vernis polyuréthanne satiné.

2 Trempez une éponge dans de l'eau et essorez-la. Appliquez le glacis sur la couche de fond avec l'éponge humide, en tamponnant légèrement (p. 35).
3 Remplissez à demi l'atomiseur d'alcool à brûler et vaporisez-le finement sur la surface afin de dissoudre légèrement le glacis. Ceci ajoutera de la profondeur à l'effet final.
4 Épongez la surface avec une autre éponge humide.

Deuxième glacis

1 Versez l'émulsion dans un troisième seau. Ajoutez le gris neutre, l'eau (peu à peu), et mélangez bien.
2 Avec une autre éponge humide, tamponnez le glacis sur la surface encore humide, en fondant les deux couleurs.
3 Vaporisez l'alcool à brûler et laissez sécher (2 h).

Troisième glacis

1 Versez l'émulsion dans le dernier seau. Ajoutez l'eau (peu à peu) et mélangez bien.
2 Appliquez sur la surface avec la dernière éponge humide en tamponnant légèrement.
3 Vaporisez l'alcool à brûler et laissez sécher (2 h).

Couche protectrice

Appliquez une couche de vernis et laissez sécher (2-3 h).

Usage extérieur Remplacez le vernis par deux couches de vernis polyuréthanne satiné, en laissant sécher chaque couche 24 h.

PORPHYRE

Le porphyre véritable est souvent utilisé sur les piliers et les architraves, parfois sur les cheminées, et peut être rouge profond, vert, mauve ou rose selon son pays d'origine. Comme toutes les imitations de pierre, celle-ci combine une série de projections qui créent un effet granuleux et donnent l'illusion de variations de couleurs. Elle confère un air majestueux aux intérieurs mais peut aussi se révéler oppressante et, la projection étant une technique difficile à maîtriser, il est plus sage de l'utiliser sur de petites surfaces. Je vous conseille d'employer des produits à l'eau qui sèchent plus rapidement que les peintures et glacis à l'huile traditionnels.

Cette tête de plâtre a été peinte selon la méthode de la recette de base. La couleur riche et profonde convient parfaitement à ce sujet classique. Pour une exposition à l'extérieur, deux couches de vernis polyuréthanne satiné devront remplacer la couche protectrice. Vous pouvez varier les couleurs des projections pour imiter d'autres sortes de porphyre.

RECETTE DE BASE – ROUGE FONCÉ

INGRÉDIENTS

Couches de fond ▸ 1 litre d'émulsion rouge foncé prête à l'emploi

Glacis ▸ 250 ml de glacis acrylique transparent / 3 cuil. à soupe de couleur acrylique rouge de cadmium / 1 cuil. à soupe d'ombre naturelle / 150 ml d'eau / alcool à brûler (voir instructions)

Pour chaque projection ▸ 1 cuil. à soupe d'eau et :

Première projection ▸ 1 cuil. à soupe de couleur acrylique ombre brûlée

Deuxième projection ▸ 1 cuil. à soupe de couleur acrylique ocre jaune

Troisième projection ▸ 1 cuil. à soupe de couleur acrylique blanc de zinc

Couche protectrice ▸ 500 ml de vernis acrylique satiné incolore

MATÉRIEL

2 brosses à émulsion de 50 mm / seaux à peinture (1 grand et 3 petits) / 1 atomiseur pour plantes / 4 brosses en soies de porc / 1 brosse à vernis de 50 mm

INSTRUCTIONS

Couches de fond

Mélangez bien l'émulsion et appliquez deux couches uniformes (p. 34) sur la surface préparée avec une brosse à émulsion. Laissez sécher chaque couche 2-3 h.

Glacis

1 Versez le glacis acrylique dans le grand seau. Ajoutez le rouge de cadmium, l'ombre naturelle, l'eau (peu à peu), et mélangez bien.
2 Avec l'autre brosse à émulsion, appliquez à coups irréguliers (p. 34) sur toute la couche de fond.
3 Remplissez à demi l'atomiseur d'alcool à brûler et vaporisez-le finement sur la surface pour dissoudre légèrement le glacis. Ceci ajoutera de la profondeur.

Première projection

1 Mettez l'ombre brûlée dans un petit seau. Ajoutez l'eau (peu à peu) en mélangeant bien.
2 Chargez de glacis une brosse en soies de porc. En tenant une autre brosse sèche dans une main et la brosse chargée dans l'autre, frappez le manche de la brosse chargée contre le manche de la brosse sèche, afin de projeter de fines mouchetures sur le glacis encore humide (p. 36).

Deuxième projection

1 Mettez l'ocre jaune dans un autre petit seau. Ajoutez l'eau (peu à peu) en mélangeant bien.
2 Répétez le procédé de projection, en chargeant une troisième brosse.

Troisième projection

1 Mettez le blanc de zinc dans le dernier seau. Ajoutez l'eau (peu à peu) en mélangeant bien.
2 Répétez une fois encore le procédé de projection, en chargeant la dernière brosse. Laissez sécher (2 h).

Couche protectrice

Appliquez une couche de vernis avec la brosse à vernis, et laissez sécher (2-3 h).

❶ ROUGE FONCÉ
Les tons riches de la recette de base sont ici appliqués sur une surface plane et verticale. Les projections de couleur successives, qui reproduisent la nature granuleuse de la roche, apparaissent très nettement.

GRANITE

Le granite est une pierre traditionnellement réservée aux vastes surfaces extérieures mais il peut, à petite échelle, agrémenter un intérieur moderne ou ancien. Le procédé d'imitation associe peinture à l'éponge et projection pour recréer l'aspect granuleux de la roche. Il existe plusieurs variétés de granite, mais il convient de bien étudier celle qui vous intéresse par souci d'authenticité. Décorez-en le plateau d'une table, des piliers ou un meuble de jardin.

RECETTE DE BASE – GRANITE

INGRÉDIENTS

Couche de fond ▸ 500 ml d'émulsion vinylique mate blanche / 2 cuil. à soupe de couleur acrylique gris neutre
Premier glacis ▸ 100 ml d'émulsion vinylique mate blanche / 2 cuil. à soupe de couleur acrylique gris neutre / 1 cuil. à soupe d'ombre brûlée / 2 cuil. à soupe d'eau / alcool à brûler (voir instructions)
Deuxième glacis ▸ 100 ml d'émulsion vinylique mate blanche / 2 cuil. à soupe d'eau / alcool à brûler
Première projection ▸ 1 cuil. à soupe de couleur acrylique noir de Mars / 1 cuil. à soupe d'eau
Deuxième projection ▸ 1 cuil. à soupe de couleur acrylique blanc de zinc / 1 cuil. à soupe d'eau / alcool à brûler
Couche protectrice ▸ 500 ml de vernis acrylique satiné incolore

MATÉRIEL

Seaux à peinture (3 grands et 2 petits) / 1 brosse à émulsion de 50 mm / 3 éponges naturelles / eau pour humidifier les éponges / 1 atomiseur pour plantes / 3 brosses en soies de porc / 1 brosse à vernis de 50 mm

INSTRUCTIONS

Couche de fond

1 Versez l'émulsion dans un grand seau. Ajoutez le gris neutre et mélangez bien.
2 Appliquez uniformément (p. 34) sur la surface préparée, avec la brosse à émulsion. Laissez sécher (2-3 h).

Premier glacis

1 Versez l'émulsion dans un autre grand seau. Ajoutez le gris neutre, l'ombre brûlée, l'eau (peu à peu), et mélangez bien.
2 Trempez une éponge dans de l'eau et, après l'avoir essorée, appliquez le glacis sur toute la surface en tamponnant légèrement (p. 35).
3 Remplissez à demi l'atomiseur d'alcool à brûler et vaporisez-le finement sur la surface pour dissoudre légèrement le glacis et ajouter de la texture. Laissez sécher (2 h).

Ci-dessus à gauche : ce bac à fleurs en plastique résistant, acheté pour une somme modique dans une jardinerie, a été peint selon la recette. Sa forme classique rappelle celle des urnes de jardin et se prête bien à une finition de granite, qui dissimule les fioritures du rebord (p. 47).

Deuxième glacis

1 Versez l'émulsion dans un autre grand seau. Ajoutez l'eau (peu à peu) en mélangeant bien.

2 Appliquez sur toute la surface avec une autre éponge humide, selon le même procédé.

3 Avec l'atomiseur, vaporisez l'alcool à brûler sur la surface encore humide.

4 Épongez la surface encore humide avec la troisième éponge humide, et fondez délicatement les deux couleurs.

Première projection

1 Mettez le noir de Mars dans un petit seau. Ajoutez l'eau (peu à peu) et mélangez bien.

2 Chargez l'une des brosses en soies de porc de glacis. En tenant une autre brosse sèche d'une main et la brosse chargée de l'autre, frappez le manche de la brosse chargée contre le manche de l'autre brosse, de façon à asperger la surface de fines mouchetures (p. 36) ; mouchetez certaines parties plus que d'autres.

Deuxième projection

1 Mettez le blanc de zinc dans le dernier seau. Ajoutez l'eau (peu à peu) et mélangez bien.

2 Projetez de nouveau sur la surface avec une autre brosse en soies de porc, en cherchant à obtenir un effet irrégulier.

3 Avec l'atomiseur, vaporisez finement l'alcool à brûler sur la surface. Laissez sécher (2 h).

Couche protectrice

Appliquez une couche de vernis avec la brosse à vernis, et laissez sécher (2-3 h).

Usage extérieur Remplacez le vernis par deux couches de vernis polyuréthanne satiné, en laissant sécher chaque couche 24 h.

❶ GRANITE
Recette de base sur une surface plane : cette décoration siérait à des lambris ou au plateau d'une table. Essayez-la également sur un manteau de cheminée.

TERRE CUITE

L'aspect crayeux de la terre cuite convient tout particulièrement aux bacs de jardin, mais les grands pots étant chers et fragiles, il peut être tentant de créer des reproductions plus durables. En utilisant la peinture à l'éponge et la coulure sur une surface très travaillée, on peut obtenir un effet très réaliste. Les objets ornés de détails s'y prêtent très bien car on peut ajouter de la patine dans les recoins. Cette finition est parfaite pour les pots mais enjolivera aussi des objets de cuisine ou de vérandas.

RECETTE DE BASE – TERRE CUITE

INGRÉDIENTS

Premier fond ▸ 500 ml d'émulsion vinylique mate blanche / 2 cuil. à soupe de couleur acrylique ocre jaune / 1 cuil. à soupe de Sienne naturelle
Deuxième fond ▸ 500 ml d'émulsion vinylique mate blanche / 2 cuil. à soupe de couleur acrylique rouge de Venise / 2 cuil. à soupe d'ombre naturelle / 1 cuil. à soupe d'ocre bronze
Glacis ▸ 100 ml d'émulsion vinylique mate blanche / 150 ml d'eau

MATÉRIEL

3 seaux à peinture / 2 brosses à émulsion de 50 mm / 1 brosse à pocher (ou à patine) / eau pour mouiller la brosse et l'éponge / 1 brosse ronde en soies de porc de 25 mm / 1 éponge naturelle

INSTRUCTIONS

Premier fond

1 Versez l'émulsion dans un seau. Ajoutez l'ocre jaune, la Sienne naturelle, et mélangez bien.
2 Appliquez uniformément (p. 34) sur la surface préparée, avec une brosse à émulsion. Laissez sécher (2-3 h).

Deuxième fond

1 Versez l'émulsion dans un autre seau. Ajoutez le rouge de Venise, l'ombre naturelle, l'ocre bronze, et mélangez bien.
2 Appliquez sur la surface avec l'autre brosse à émulsion, à coups irréguliers (p. 34), en laissant apparaître le fond par endroits. Laissez sécher (2-3 h).

❶ TERRE CUITE
Ici, l'imitation terre cuite est appliquée sur une surface plane avec un détail en relief. Remarquez la patine sur les parties irrégulières. Le plâtre et le plastique forment des supports idéaux pour un décor de terre cuite.

Trois pots en plastique ont été apprêtés et peints selon la technique décrite dans la recette de base. Ils ont été enduits de deux couches de vernis polyuréthanne satiné puis fixés dans le plâtre frais d'un mur légèrement texturé et badigeonné au rose plâtre (p. 52). Des clous de maçonnerie à l'arrière des pots consolident efficacement le tout.

Glacis

1 Versez l'émulsion dans le troisième seau. Ajoutez l'eau (peu à peu) en mélangeant bien.

2 Trempez la brosse à pocher (ou à patine) dans de l'eau et, en tamponnant légèrement, humidifiez la surface peinte.

3 Placez l'objet debout. Avec la brosse en soies de porc, laissez couler le glacis verticalement, afin d'imiter l'action de l'usure. Tournez l'objet pour recouvrir toute la surface.

4 Mouillez l'éponge et essorez-la. Tamponnez-la légèrement sur le glacis pour ôter l'excès d'eau, tandis que la surface commence à prendre un aspect crayeux. Laissez sécher (2 h).

Usage extérieur Terminez par deux couches de vernis polyuréthanne satiné, en laissant sécher chaque couche 24 h.

LES FINITIONS MÉTALLIQUES

Ces placards de cuisine en métal véritable sont ornés d'une finition rouille (p. 160), à moins qu'il ne s'agisse d'une imitation de fer (p. 166) à laquelle on aurait ajouté un effet oxydé. Quoi qu'il en soit, ils témoignent de la polyvalence des finitions métalliques dans un décor contemporain.

Le métal revient à la mode dans la décoration intérieure, mais son prix exorbitant peut vous inciter à adopter certaines techniques d'imitation élémentaires. Selon que vous souhaitez un effet contemporain ou un petit air vétuste, la finition sera discrète ou grandiose.

Les marchés aux puces et les brocantes constituent de merveilleux endroits pour dénicher des objets bon marché, tels que les poignées de porte ou de tiroir, qu'une imitation de métal appropriée transformera sans peine. Les pièces plus importantes, comme les chandeliers, les lampes et les lanternes, font grand effet sous une finition métallique et donnent beaucoup de caractère à une pièce. Une entrée, par exemple, prendra une tout autre allure avec des lampes et des appliques peintes. Les vieilles chaises et tables pourront donner l'illusion du métal et apporter une touche de style à un intérieur. Le vert-de-gris s'accommode de toutes sortes de surfaces et recouvrira à merveille bacs et

Ci-dessous : comme le montre cette collection de pots et coupes transformées par une imitation de plomb (p. 164), bien d'autres surfaces que le métal peuvent adopter cette finition. La dorure (p. 180) complète harmonieusement l'effet.

pots en terre cuite. Souvenez-vous que dans toutes ces techniques, le degré de patine est laissé à votre libre choix ; la répétition de certaines étapes suffira à accentuer l'effet.

Avec les imitations de métal, vous pouvez adapter des meubles neufs à un intérieur d'époque ou, si vous le souhaitez, créer un décor ancien fantaisie. Pour un style médiéval ou Tudor, choisissez des finitions fer et plomb, ou expérimentez les techniques actuelles de patinage à froid sur des appliques ou bougeoirs modernes. L'effet rouille convient également à l'un ou l'autre style, et bien sûr aux décors extérieurs. Pour un style baroque plus léger, essayez l'imitation vert-de-gris ou le patinage, qui constituent un moyen original de vieillir plinthes et cimaises.

Les meubles de jardin et les balustrades sont des supports idéaux pour les imitations de métal. Le vert-de-gris ou la rouille, en effet, remplaceront avantageusement une simple peinture brillante sur une balustrade. D'ailleurs, les pots et corbeilles de jardin en plastique se prêtent si bien aux finitions métalliques que vous serez peut-être tenté de les utiliser pour décorer votre intérieur.

Les imitations de métal conviennent surtout aux petites surfaces, mais vous pouvez les essayer sur des lambris, par exemple, pour ajouter une note moderne dans un environnement contemporain. De même, une imitation de rouille sur des éléments de cuisine est une idée originale qui tranchera dans un décor urbain et sophistiqué. Les portes peuvent elles aussi conférer beaucoup de personnalité à une pièce.

Le champ d'expérimentation est vaste, aussi faites preuve d'audace dans vos entreprises. Pour savoir quelles surfaces conviennent à tel type de finition, étudiez le code de couleur qui accompagne chaque recette et reportez-vous à la page 41.

À gauche : splendide exemple de rouille naturelle sur une pendule. Il est aisé d'en imiter l'effet (p. 160), mais une étude approfondie de l'usure réelle du temps doit précéder tout travail. Souvenez-vous que la discrétion est toujours préférable.

Ci-dessous : les lignes de cette rampe d'escalier en fer pourraient être assombries pour un effet plus spectaculaire. Appliquez un antirouille (qui fonce le métal), puis frottez une couche de pâte de fer ou de cirage noir teinté de poudre de graphite.

PATINAGE

Sous l'action des éléments, meubles et objets métalliques se ternissent et se corrodent. Leur aspect, qui évoque le temps qui passe et les affronts des ans, inspire aujourd'hui les décorateurs désireux de donner de la patine à un métal neuf. Certaines méthodes complexes utilisent des produits nocifs, mais les fluides de patinage à froid (disponibles pour toutes sortes de métaux) sont moins dangereux – quoique relativement toxiques –, plus faciles à manipuler et esthétiquement tout aussi satisfaisants. Exercez-vous sur des bougeoirs bon marché ; le résultat vous surprendra. Sachez toutefois que le procédé, particulièrement rapide, demande une certaine dextérité.

RECETTE DE BASE – PATINAGE À FROID SUR CUIVRE

INGRÉDIENTS

300 ml d'alcool à brûler / 200 ml de fluide de patinage à froid pour cuivre et bronze
Couche protectrice facultative ▶ 200 ml de cire blanche ou fixatif à l'huile

MATÉRIEL

Boules de coton / eau pour rincer / gants de caoutchouc / masque protecteur / laine d'acier / chiffons (facultatif)

INSTRUCTIONS

PORTEZ DES GANTS ET UN MASQUE LORSQUE VOUS UTILISEZ LES FLUIDES DE PATINAGE. SUIVEZ LES INSTRUCTIONS DU FABRICANT ET TRAVAILLEZ DANS UN LIEU BIEN AÉRÉ.

1 Nettoyez la surface avec des boules de coton imprégnées d'alcool à brûler. Rincez à l'eau et laissez sécher (2 h).

2 Mettez les gants et le masque. Trempez des boules de coton dans le fluide de patinage et frottez-les sur toute la surface. Le fluide agit très rapidement et la couleur du métal change à mesure qu'il est enduit. Rincez la surface à l'eau dès que vous avez obtenu la couleur désirée. N'attendez pas trop, car le métal deviendrait très sombre. Ne laissez jamais le fluide agir plus de 2 mn.

❸ SUR CUIVRE ROUGE
Cet effet vert-de-gris s'obtient en quelques secondes avec un autre fluide de patinage. Suivez la recette de base en appliquant le fluide avec du coton ou en le pochant avec une brosse souple. Une deuxième couche donnera plus de texture.

❶ SUR CUIVRE JAUNE
Recette de base : seul le centre a été travaillé à la laine d'acier ; les bords conservent un effet patiné plus doux.

❷ SUR ACIER
Cet exemple illustre l'utilisation de fluides de patinage à froid sur l'acier et le fer. Respectez les quantités et la méthode de la recette de base.

3 Aussitôt, poncez légèrement la surface à la laine d'acier pour ôter la couleur jusqu'à ce que vous obteniez l'effet désiré. Rincez à l'eau et laissez sécher (1 h).

Ces chandeliers et bougeoirs bon marché ont été patinés avec les fluides utilisés dans la recette de base et ses variantes.

Note Pour une meilleure protection, appliquez de la cire (ou du fixatif) avec un chiffon et laissez sécher (1 h).

Usage extérieur Appliquez une couche de fixatif sur la surface, selon la méthode décrite ci-dessus.

ROUILLE

Quoique la plus extrême des finitions métalliques, l'effet de rouille est très recherché. La recette que je vous propose utilise des matériaux à base d'eau ; rapide, simple et sans danger, elle se prête à toutes sortes de variations pour accentuer le vieillissement. Il suffit par exemple d'appliquer les deux couches plus généreusement, en gardant à l'esprit que l'effet doit son caractère authentique à l'irrégularité, ou bien d'ajouter 70 g de sable fin à la couche de fond. Cela vaut pour le métal comme pour d'autres surfaces.

RECETTE DE BASE – ROUILLE

INGRÉDIENTS

Couche de fond ▶ 500 ml d'émulsion vinylique mate blanche prête à l'emploi / 2 cuil. à soupe de couleur acrylique blanc de titane / 2 cuil. à soupe de bleu outremer

Première couche de rouille ▶ 100 ml de couleur acrylique Sienne naturelle / 3 cuil. à soupe de rouge de Venise / 1 cuil. à soupe d'ombre brûlée / 1 cuil. à soupe d'oxyde rouge

Deuxième couche de rouille ▶ 100 ml de couleur acrylique ocre jaune / 2 cuil. à soupe d'oxyde jaune / 1 cuil. à soupe de Sienne naturelle

MATÉRIEL

3 seaux à peinture / 1 brosse à émulsion de 50 mm / 2 brosses rondes en soies de porc de 25 mm

INSTRUCTIONS

Couche de fond

1 Versez l'émulsion dans un seau. Ajoutez le blanc de titane et le bleu outremer, et mélangez bien.

2 Avec la brosse à émulsion, appliquez une couche uniforme (p. 34) sur la surface préparée, et laissez sécher (2-3 h).

Première couche de rouille

1 Mettez les couleurs dans un autre seau et mélangez bien.

2 Avec une brosse en soies de porc, pochez ou tamponnez légèrement le mélange rouille sur la surface (p. 35), en laissant apparaître le fond par endroits. Laissez sécher (1 h).

Deuxième couche de rouille

1 Mettez les couleurs dans le troisième seau et mélangez.

2 Avec l'autre brosse ronde, pochez le mélange sur la surface. Appliquez une couche plus épaisse, tout en révélant çà et là les couches précédentes. Insistez à certains endroits pour éviter toute uniformité. Laissez sécher (1 h).

Usage extérieur Terminez par deux couches de vernis polyuréthanne mat, en laissant sécher chaque couche 24 h.

❶

❶ ROUILLE
Cette table en métal constitue un support idéal. Les détails (comme le blason, ci-dessus à gauche) se prêtent bien à la technique. La patine a été accentuée par deux applications sur le plateau et le bord.

VERT-DE-GRIS

Résultat de la corrosion du cuivre et du bronze, le vert-de-gris est peut-être la plus décorative des patines du métal, avec ses traînées blanches et vertes caractéristiques. L'imitation de cet effet requiert habituellement l'utilisation de produits chimiques extrêmement toxiques manipulés sous haute température, mais je n'emploie quant à moi que des produits à l'eau beaucoup moins dangereux (voir aussi le patinage à froid p. 158). L'effet de patine peut être intensifié en travaillant plusieurs fois la surface ; l'expérience s'avère fort divertissante.

La finition s'applique à maintes surfaces et aux objets les plus inattendus, surtout s'ils sont riches en détails. Toutefois, la méthode réussira tout autant sur des surfaces planes. Observez la véritable patine sur les statues et objets de ferronnerie exposés depuis longtemps aux éléments.

Cette girouette décorative est un bon exemple de l'effet vert-de-gris. La finition ajoute grandement au caractère de l'objet et convient tout à fait à sa fonction.

RECETTE DE BASE – VERT-DE-GRIS

INGRÉDIENTS

Couche de fond ▸ 500 ml de peinture pour tableaux d'école ou émulsion vinylique mate noire prête à l'emploi
Première couche de vert-de-gris ▸ 2 cuil. à soupe de couleur acrylique blanc de titane / 2 cuil. à soupe de vert Guignet / 4 cuil. à soupe d'eau / alcool à brûler (voir instructions)
Deuxième couche de vert-de-gris ▸ 2 cuil. à soupe de couleur acrylique blanc de titane / 1 cuil. à soupe d'ocre jaune / 100 ml d'eau / alcool à brûler
Finition ▸ 500 ml de vernis acrylique mat incolore / 25 g de blanc de Meudon

MATÉRIEL

1 brosse à émulsion de 50 mm / 2 seaux à peinture / 3 brosses en soies de porc de 25 mm / 1 atomiseur pour plantes / 1 brosse à vernis de 50 mm / chiffons

INSTRUCTIONS

Couche de fond

Mélangez bien la peinture (ou l'émulsion) et, avec la brosse à émulsion, appliquez une couche uniforme (p. 34) sur toute la surface. Laissez sécher (2-3 h).

Première couche de vert-de-gris

1 Mélangez le blanc de titane et le vert Guignet dans un seau. Ajoutez l'eau (peu à peu), et mélangez bien.

2 Placez l'objet debout. Avec une brosse en soies de porc, laissez couler le liquide verticalement. Tournez l'objet pour recouvrir toute la surface.

3 Remplissez à demi l'atomiseur d'alcool à brûler et vaporisez une fine brume sur la surface pour disperser légèrement la peinture.

Deuxième couche de vert-de-gris

1 Mettez le blanc de titane et l'ocre jaune dans l'autre seau. Ajoutez 50 ml d'eau (peu à peu) et mélangez bien.

2 Avec une autre brosse en soies de porc, faites couler la solution de la même manière. Puis vaporisez l'alcool à brûler.

3 Avec la troisième brosse en soies de porc, faites couler le reste de l'eau sur la surface verticale jusqu'à obtention de l'effet désiré. Laissez sécher (2 h).

Finition

1 Avec la brosse à vernis, passez une couche de vernis sur toute la surface et attendez qu'il devienne collant (environ 20 mn).

2 Appliquez du blanc de Meudon en frottant avec insistance sur les détails. Cela donnera un effet « crayeux ». Essuyez l'excès avec des chiffons et laissez sécher (2-3 h).

Usage extérieur Ajoutez deux couches de vernis polyuréthanne satiné, en laissant sécher chaque couche 24 h.

Ci-contre : cette impressionnante fontaine à tête de lion est en fait un moulage en plastique décoré d'une finition vert-de-gris. Elle a été préparée et apprêtée avec deux couches de peinture pour tableaux d'école. Pour protéger la surface de l'eau, passez deux ou trois couches de vernis marine après la couche de finition, en laissant sécher chaque couche 4 à 6 heures.

❶ VERT-DE-GRIS La recette de base appliquée à une surface plane et à un détail en relief. Vous pouvez remplacer la peinture pour tableaux d'école par 500 ml d'émulsion rouille prête à l'emploi. L'effet sera identique.

PLOMB

Le plomb corrodé prend un aspect gris bleuté taché de dépôts blanchâtres qui résulte de l'altération chimique du métal. C'est un effet que l'on peut facilement recréer avec des produits à l'eau, en faisant simplement couler des glacis colorés sur la surface et en patinant avec du blanc de Meudon. Les pots de fleurs et auges en plastique sont des supports parfaits, mais les objets en métal bon marché sont tout aussi intéressants. Comme pour la plupart des imitations de métal, le degré de patine est laissé à votre libre appréciation.

RECETTE DE BASE – PLOMB

INGRÉDIENTS

Enduit ▸ 500 ml d'adhésif vinylique ou colle blanche / 500 ml d'eau
Couche de fond ▸ 500 ml d'émulsion vinylique mate blanche / 1 cuil. à soupe de couleur acrylique ombre brûlée / 1 cuil. à soupe d'émulsion vinylique mate noire prête à l'emploi
Premier glacis ▸ 4 cuil. à soupe d'émulsion vinylique mate noire prête à l'emploi / 2 cuil. à soupe de couleur acrylique blanc de titane / 1/2 cuil. à soupe d'ombre brûlée / 150 ml d'eau
Deuxième glacis ▸ 5 cuil. à soupe de couleur acrylique blanc de titane / 2 cuil. à soupe d'ombre brûlée / 1 cuil. à soupe de bleu outremer / 150 ml d'eau
Finition ▸ 500 ml d'adhésif vinylique ou colle blanche / 500 ml d'eau / 50 g de blanc de Meudon

MATÉRIEL

5 seaux à peinture / 2 brosses à émulsion de 25 mm / 3 brosses à émulsion de 50 mm / 1 brosse en soies de porc de 25 mm / chiffons

INSTRUCTIONS

Enduit

1 Versez l'adhésif vinylique (ou la colle blanche) dans un seau. Ajoutez l'eau (peu à peu) et mélangez bien.

2 Avec une brosse à émulsion de 25 mm, étendez la solution sur la surface préparée. Laissez sécher (1 h).

Couche de fond

1 Versez l'émulsion blanche dans un autre seau. Ajoutez l'ombre brûlée et l'émulsion noire et mélangez bien.

2 Avec une brosse à émulsion de 50 mm, appliquez uniformément (p. 34) sur toute la surface et laissez sécher (2-3 h).

❶ PLOMB
Cette finition, très réussie sur les surfaces planes et les détails en relief, transformera le plus banal des plastiques en un objet de caractère. Le succès dépend en partie du support.

L'applique métallique bon marché (à gauche sur la photo) a été complètement transformée par la finition plomb décrite dans la recette de base.

Premier glacis

1 Versez l'émulsion dans un autre seau. Ajoutez les couleurs et 100 ml d'eau (peu à peu) ; mélangez bien.
2 Avec une autre brosse à émulsion de 50 mm, appliquez le glacis sur toute la surface à coups irréguliers (p. 34).
3 Placez l'objet debout. Chargez d'eau la brosse en soies de porc et faites couler le liquide sur la surface pour dissoudre le glacis et révéler la couche de fond. Tournez l'objet pour recouvrir la surface. Laissez sécher (1 h).

Deuxième glacis

1 Mettez les couleurs dans un quatrième seau. Ajoutez 100 ml d'eau (peu à peu) et mélangez.
2 Avec la troisième brosse de 50 mm, appliquez à coups entrecroisés, en laissant apparaître les autres couches çà et là.
3 Faites couler de l'eau sur la surface. Laissez sécher (2 h).

Couche de finition

1 Versez l'adhésif vinylique (ou la colle blanche) dans le cinquième seau. Ajoutez l'eau (peu à peu) et mélangez bien.
2 Avec l'autre brosse de 25 mm, appliquez sur toute la surface et attendez que le mélange devienne collant (5-7 mn).
3 Frottez du blanc de Meudon sur la surface, avec des chiffons. Insistez sur les détails. Essuyez l'excès avec des chiffons propres. Laissez sécher (2-3 h).

Usage extérieur Ajoutez deux couches de vernis polyuréthanne mat, en laissant sécher chaque couche 24 h.

FER

Le fer a longtemps été considéré comme un matériau d'extérieur, mais il s'utilise de plus en plus dans les intérieurs où il s'harmonise parfaitement avec les décors traditionnels ou contemporains. Voici deux façons de reproduire cet effet. Le glacis « rouille » de la recette de base donne un aspect de patine naturelle qui accentue l'impression d'antiquité, mais la variante produit un fini peut-être plus discret. Ces finitions ne sont pas uniquement réservées aux objets de métal : portes, plinthes et éléments architecturaux, mais aussi meubles et ornements de jardin, feront de très bons supports. Chinez dans les brocantes où les idées ne manquent pas.

RECETTE DE BASE – AVEC PEINTURE ARGENTÉE

INGRÉDIENTS

Couche de fond ▶ 500 ml de peinture argentée
Premier glacis ▶ 4 cuil. à soupe d'émulsion vinylique mate noire prête à l'emploi / 2 cuil. à soupe d'eau
Deuxième glacis ▶ 4 cuil. à soupe de couleur acrylique blanc de titane / 2 cuil. à soupe de rouge de Venise / 1 cuil. à soupe de Sienne brûlée / 100 ml d'eau

MATÉRIEL

1 brosse à émulsion de 50 mm / 2 seaux à peinture / 1 éponge naturelle / eau / 1 brosse plate de 100 mm / 1 brosse en soies de porc de 25 mm

❶ PEINTURE ARGENTÉE
La recette de base s'applique à toute surface, plane ou inégale.

❷ CIRE ET POUDRE
La variante donne un effet plus sombre. Plus facile à contrôler, elle est idéale pour les travaux complexes ou à grande échelle.

INSTRUCTIONS

Couche de fond

Mélangez bien la peinture argentée et, avec la brosse à émulsion, appliquez une couche uniforme (p. 34) sur la surface préparée. Laissez sécher (2-3 h).

Premier glacis

1 Versez l'émulsion noire dans un seau. Ajoutez l'eau (peu à peu) et mélangez bien.
2 Trempez l'éponge dans l'eau et essorez-la. Appliquez le glacis à l'éponge sur toute la surface, en tamponnant légèrement (p. 35).
3 Adoucissez les traces d'éponge en passant la brosse plate sur la surface. Laissez sécher (2 h).

Deuxième glacis

1 Mettez le blanc, le rouge de Venise et la Sienne brûlée dans l'autre seau. Ajoutez l'eau (peu à peu) et mélangez bien.
2 Chargez de glacis la brosse en soies de porc et faites-le couler sur la surface en tenant l'objet verticalement. Répétez l'opération jusqu'à ce que toute la surface soit recouverte. Laissez sécher (2 h).

Ce curieux ornement architectural, probablement conçu pour couronner le faîte d'un toit, est en plâtre. Trouvé chez un brocanteur, il semblait tout indiqué pour la finition fer de la recette de base. La patine naturelle de la vieille chaîne au premier plan témoigne du réalisme de l'effet.

VARIANTE – AVEC CIRE ET POUDRE

INGRÉDIENTS
Couche de fond ▶ 500 ml de peinture pour tableaux d'école
Cire ▶ 275 ml de cirage noir / 50 g de poudre métallique argentée

MATÉRIEL
1 brosse à émulsion de 50 mm / masque protecteur / 1 seau à peinture / chiffons / brosse à chaussure propre

INSTRUCTIONS
PORTEZ TOUJOURS UN MASQUE EN UTILISANT DES POUDRES MÉTALLIQUES

Couche de fond
Mélangez bien la peinture et étendez une couche uniforme (p. 34) sur la surface préparée. Laissez sécher (2 h).

Cire
1 Mettez le masque. Mélangez 250 ml de cirage et la poudre métallique dans le seau. Pour obtenir un ton plus foncé, ajoutez de la poudre, mais pas trop, car cela rendrait votre cirage friable et inutilisable.
2 Passez la cire sur toute la surface, en frottant de haut en bas. Laissez sécher (2 h). Passez un peu de cirage noir sur les parties trop argentées, puis polissez avec la brosse à chaussure.

Usage extérieur (recette et variante) Terminez par deux couches de vernis polyuréthanne satiné, en laissant sécher chaque couche 24 h.

LES FINITIONS DÉCORATIVES

À gauche : cette délicate étagère murale se prête volontiers à la dorure (p. 180). Elle a été vieillie par un ponçage à la laine d'acier et à l'alcool à brûler, pour révéler le matériau de base. Le mur a été enduit de gesso et patiné selon les techniques de couleurs altérées.

Comme les imitations de pierre, ces effets relèvent plus de l'illusion que de la décoration, tout en restant très fantaisistes. Autrefois jugées trop laborieuses ou onéreuses, ces finitions sont aujourd'hui accessibles à quiconque est prêt à faire des expériences. La dorure traditionnelle à l'huile ou à l'eau, par exemple, requiert des procédés complexes, mais les mixtions à l'eau ou les feuilles de métal sont désormais à la portée de tous. Les poudres métalliques, disponibles en maintes couleurs, contribuent à l'embellissement des surfaces, et le substitut moderne de la laque véritable, la peinture laque, donne un effet très réaliste. La réalisation de ces finitions est assez longue, et la peinture, très riche en élément brillant, sèche lentement, mais le résultat en vaut la peine.

Ces décorations conviennent particulièrement aux petits objets et aux détails car, comme c'est le cas pour de nombreuses imitations, il n'est pas facile de maintenir une certaine homogénéité sur une large surface. Faites toujours des essais de couleur et de texture car les moindres variations peuvent modifier radicalement l'effet final. À moins que ne cherchiez la pure fantaisie, sachez vous montrer modéré, en termes d'échelle ou d'exécution. Le pochoir fait figure d'exception ; vous pouvez en effet en user sur vos murs à profusion. Il vous permettra par exemple de créer une merveilleuse intimité dans une chambre ornée de lierre ou de grappes de fleurs.

Les demeures et châteaux constituent d'inépuisables sources d'inspiration. Observez attentivement les surfaces les plus décorées et vous découvrirez que nombre d'entre elles sont réalisées à la peinture. Vous obtiendrez

Ci-dessous : le bleu très contemporain de ce placard de salle de bains est ravivé par l'utilisation judicieuse de la dorure. Là encore, l'éclat de l'or a été adouci par une patine.

aisément les mêmes résultats dans votre propre maison en vous référant aux recettes de ce chapitre.

De la laque chinoise antique à l'extraordinaire richesse de la dorure et de l'écaille de tortue, ces finitions vous aideront à transformer les objets sans intérêt en véritables chefs-d'œuvre, et à les marier parfaitement à tout intérieur. Soyez à l'affût de l'objet insolite qui donnera le meilleur effet une fois peint. Mais prenez garde : si certaines de ces décorations peuvent s'utiliser pour restaurer de vieux objets, assurez-vous que votre intervention profitera vraiment à celui que vous envisagez de décorer. Ajoutez, par exemple, une laque moderne à une pièce orientale antique, et vous endommagerez sérieusement sa valeur. Ces finitions s'appliquent à toutes sortes de surfaces. Pour faire votre choix, étudiez le code de couleur qui accompagne chaque recette et reportez-vous à la page 41.

Ci-dessus : la technique du pochoir (p. 184) peut aisément se substituer au papier peint. Cette combinaison brun sur pierre, ornée de touches de rouge, est idéale pour une cuisine rustique.

À gauche : un autre exemple de pochoir, sous forme de panneaux réguliers. Le style et les coloris rappellent les intérieurs scandinaves (p. 131). Le léger ponçage de la surface ajoute une note surannée qui convient aux meubles décorés et vieillis (p. 129).

LAQUE

L'art séculaire du laquage est né en Chine, terre d'origine de *Rhus verniciflua*, l'arbre à laque. Cette finition unique était alors réalisée par l'application successive d'une centaine de couches de laque ou de peinture extra-brillante, chacune étant poncée avec soin, et possédait un lustre extraordinaire. La recette que je vous propose imite – mais simplifie ! – ce procédé avec des peintures à l'huile. Vous pouvez dorer et peindre l'objet terminé ou appliquer des poudres de bronze ou d'or pour qu'il prenne encore davantage d'éclat (p. 27). Les plateaux se prêtent bien à ce type de décoration.

RECETTE DE BASE – ROUGE FONCÉ

INGRÉDIENTS

Couches de fond ▶ 2,5 litres de gesso synthétique / 1,25 litre d'eau / 500 ml de gomme-laque ambre / 100 ml d'alcool à brûler
Laque ▶ 1,5 litre de peinture brillante rouge mat / 4 cuil. à soupe de couleur acrylique ombre brûlée / 500 ml de vernis polyuréthanne brillant incolore
Décoration (facultatif) ▶ 150 ml de peinture brillante jaune mat / 150 ml de peinture brillante noir mat

MATÉRIEL

3 seaux à peinture / 4 brosses ordinaires de 25 mm / laine d'acier fine / toile émeri / eau savonneuse / chiffons
Décoration (facultatif) ▶ crayon / papier-calque / crayon à tracer / 2 brosses à tableau plate de 25 mm

INSTRUCTIONS

TRAVAILLEZ TOUJOURS DANS UN LIEU BIEN AÉRÉ

Couches de fond

1 Versez le gesso synthétique dans un seau. Ajoutez l'eau (peu à peu) et mélangez bien.

Cette commode a probablement été réalisée à Northampton, dans le Massachusetts, vers 1724. La plupart des meubles coloniaux étaient peints de couleurs unies, notamment en rouge et en noir. Les personnes plus fortunées y faisaient ajouter des dessins d'autres couleurs. Le temps a laissé son empreinte sur toute la surface.

❶ ROUGE FONCÉ
Recette de base : le dessin reprend le motif de la commode ci-contre. Il a été décalqué, puis transféré sur la surface avec un crayon à tracer et peint aux brosses à tableau. Deux couches de chaque couleur ont été appliquées, avec un temps de séchage de 24 heures pour chacune.

❷ NOIR
Ici, une peinture brillante noire remplace le rouge. Le motif a été ajouté comme ci-dessus, avec la même proportion de jaune que dans la recette et 150 ml de rouge mat.

2 Avec une brosse ordinaire, appliquez une couche uniforme sur la surface préparée, en utilisant environ 500 ml de solution. Laissez sécher (2-3 h).
3 Poncez à la laine l'acier et appliquez quatre autres couches de la même façon, en les ponçant une à une.
4 Versez la gomme-laque dans un autre seau. Ajoutez l'alcool à brûler (peu à peu) et mélangez bien.
5 Avec une autre brosse, appliquez une couche uniforme sur le gesso, et laissez sécher (2 h).

Laque

1 Mélangez bien la peinture et, avec une autre brosse, appliquez une couche uniforme sur toute la surface (p. 34), en utilisant un peu moins de 500 ml de peinture. Laissez sécher (24 h).
2 Poncez légèrement à la toile émeri.
3 Éliminez la poussière de la surface avec l'eau savonneuse et les chiffons, et laissez sécher (1 h).
4 Avec la même brosse, appliquez deux nouvelles couches de peinture, en ponçant et en rinçant à chaque fois. Voyez l'exemple 1 pour décorer l'objet, puis poursuivez.
5 Versez le reste de la peinture dans un autre seau. Ajoutez l'ombre brûlée et le vernis (peu à peu) ; mélangez bien. Appliquez uniformément avec la quatrième brosse et laissez sécher (24 h). Appliquez une seconde couche, si nécessaire.

ÉCAILLE DE TORTUE

Cette décoration nous vient de l'Orient. Imité depuis des siècles par les décorateurs, le motif se compose d'une série de traits en diagonale sur diverses couleurs de fond – blanc, cannelle ou or. L'or véritable employé jadis est aujourd'hui remplacé par de la feuille d'or métallique ou de la peinture en aérosol. Cette recette reproduit les couleurs classiques avec des produits à l'eau. Elle convient particulièrement aux petits objets plats, mais aussi aux panneaux et plateaux de table.

RECETTE DE BASE – OMBRE ET OCRE

INGRÉDIENTS

Couche de fond ▶ 500 ml d'émulsion vinylique mate blanche / 3 cuil. à soupe de couleur acrylique Sienne naturelle
Glacis ▶ 3 cuil. à soupe de couleur acrylique ocre jaune / 3 cuil. à soupe de Sienne naturelle / 3 cuil. à soupe d'ombre brûlée / 500 ml de glacis acrylique transparent / 150 ml d'eau
Projection ▶ 1 cuil. à soupe de couleur acrylique ombre brûlée / 3 1/3 cuil. à soupe d'eau
Couche protectrice ▶ 500 ml de vernis acrylique satiné incolore

MATÉRIEL

1 seau à peinture / 1 brosse à émulsion de 50 mm / 4 soucoupes / 1 brosse ordinaire de 50 mm / 3 brosses à tableau plates de 25 mm / 1 blaireau à estomper ou brosse à adoucir / gants jetables / 1 brosse à dents / 1 brosse à vernis de 50 mm

INSTRUCTIONS

Couche de fond

1 Versez l'émulsion dans le seau. Ajoutez la Sienne naturelle et mélangez bien.
2 Avec la brosse à émulsion, appliquez une couche uniforme (p. 34) sur la surface préparée et laissez sécher (2-3 h).

Une exploitation intéressante de la finition. Le petit abat-jour se marie merveilleusement aux objets d'arts et aux antiquités qui l'entourent. L'effet peut aisément être transposé sur un abat-jour de métal.

❶ OMBRE ET OCRE
Recette de base : on conseille généralement de travailler des surfaces plus petites, mais cet exemple illustre bien l'effet de la finition sur des surfaces planes, telles que petits panneaux ou plateaux.

Glacis

1 Mettez chacune des couleurs dans une soucoupe. Ajoutez 50 ml de glacis acrylique et 50 ml d'eau (peu à peu) à chaque couleur et mélangez bien. Laissez de côté.

2 Avec la brosse ordinaire, appliquez le reste du glacis sur la surface en une couche mince et régulière.

3 Avec une brosse à tableau, appliquez le glacis ocre jaune sur la surface, à coups irréguliers en diagonale. Il s'agit d'obtenir un effet inégal et « barbouillé » révélant une grande partie de la couche de fond.

4 Répétez le procédé en changeant de pinceau pour chaque couleur. Passez les glacis sur d'autres parties de façon à couvrir totalement le fond.

5 Passez légèrement le blaireau à estomper (ou la brosse à adoucir) sur la surface du glacis (p. 34), pour adoucir les marques de pinceau, fondre les couleurs les unes aux autres et créer l'effet d'écaille. Laissez sécher (24 h).

Ces boîtes toute simples sont peintes dans une autre gamme de tons. La couche de fond est une émulsion rouge foncé prête à l'emploi ; dans les glacis, 3 cuil. à soupe de rouge de cadmium remplacent l'ocre jaune. La méthode est la même que celle de la recette.

Projection

1 Mettez l'ombre brûlée dans la quatrième soucoupe. Ajoutez l'eau (peu à peu) et mélangez bien.

2 Mettez les gants. Chargez la brosse à dents de peinture. En la tenant à 20 cm environ de la surface, raclez les soies avec les doigts de l'autre main pour obtenir un semis de mouchetures (p. 36). Il s'agit de produire de petites concentrations de mouchetures, plutôt qu'une projection sur toute la surface. Laissez sécher (4-5 h).

Couche protectrice

Avec la brosse à vernis, appliquez une couche de vernis et laissez sécher complètement (2-3 h).

CHAGRIN

Le mot de chagrin, d'origine turque, évoque un matériau empreint d'exotisme. Traditionnellement taillé dans une peau de requin non tannée, il se distingue par ses petites marques granuleuses que l'on obtenait jadis en piétinant des graines sur sa surface encore humide. Après séchage, le cuir était teinté, parfois en rose, gris ou bleu, mais le plus souvent en vert mousse. Très apprécié pendant la période Art déco, le véritable chagrin est, à une époque plus soucieuse d'écologie, un véritable luxe ; on le trouve essentiellement sur des boîtes, étuis à cigarettes et briquets. Voici comment l'imiter avec des peintures à l'huile et une technique très simple d'eau sur huile qui en reproduit à la perfection les indentations granuleuses.

RECETTE DE BASE – VERT PÂLE

INGRÉDIENTS

Couche de fond ▸ 500 ml de peinture coquille d'œuf blanche (sans odeur)
Glacis ▸ 250 ml de glacis à l'huile transparent prêt à l'emploi / 2 cuil. à soupe de couleur à l'huile vert de vessie / 1 cuil. à soupe de blanc de zinc / 150 ml de white-spirit / 500 ml d'eau
Couche protectrice ▸ 500 ml de vernis polyuréthanne satiné incolore

MATÉRIEL

1 brosse ordinaire de 25 mm / 1 seau à peinture / 1 brosse ordinaire de 50 mm / 1 brosse à pocher (ou à patine) / 1 atomiseur pour plantes / 1 brosse à vernis de 25 mm

INSTRUCTIONS

TRAVAILLEZ TOUJOURS DANS UN LIEU BIEN AÉRÉ

Couche de fond

Mélangez bien la coquille d'œuf et, avec la brosse de 25 mm, appliquez une couche uniforme (p. 34) sur la surface préparée. Laissez sécher (24 h).

Glacis

1 Versez le glacis dans le seau. Ajoutez le vert de vessie, le blanc de zinc et le white-spirit (peu à peu) ; mélangez bien.
2 Avec la brosse de 50 mm, appliquez sur toute la surface à coups irréguliers (p. 34).

❶ VERT PÂLE
Recette de base : la couleur classique du chagrin.

❷ BLEU DE COBALT
Variante : le glacis est ici coloré avec 2 cuil. à soupe de bleu de cobalt et 1 cuil. à soupe de blanc de zinc.

❶

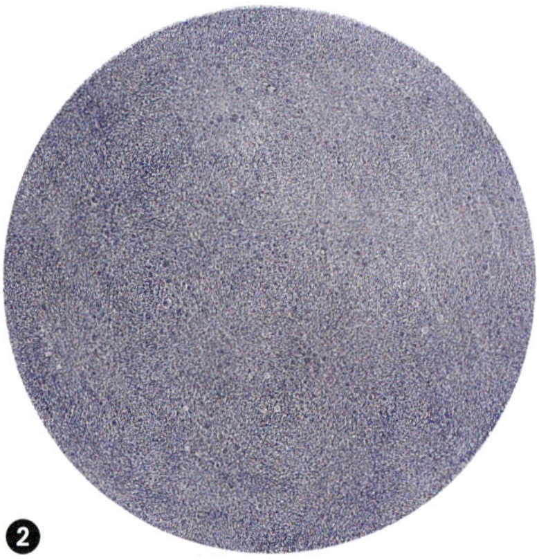
❷

Le plateau de cette petite jardinière est recouvert d'une imitation de chagrin. C'est un support idéal pour ce type de finition, mais la délicatesse des pieds dorés, enduits d'une patine de même ton (p. 180), ajoute encore au charme désuet de l'ensemble.

3 Tamponnez légèrement la surface avec la brosse à pocher (ou à patine) pour effacer les marques de pinceau (p. 35).

4 Remplissez l'atomiseur d'eau et vaporisez légèrement sur toute la surface. Laissez sécher (24 h) ; à mesure que les gouttes d'eau sur la surface huileuse s'évaporeront, elles disperseront la peinture en laissant de petits ronds semblables au grain du chagrin.

Couche protectrice

Avec la brosse à vernis, appliquez une couche de vernis et laissez sécher (6-8 h).

CUIR

La décoration à base de cuir tendu sur des surfaces planes est exploitée depuis des siècles. Très résistant, ce matériau était utilisé pour couvrir chaises, paravents, commodes et plateaux de table ; il était souvent teinté puis repoussé. Cette recette recrée l'allure somptueuse du vieux cuir, dont on peut décorer panneaux et cadres. La technique est facile, mais il est essentiel de préparer une couche de fond bien texturée et d'étendre généreusement l'émulsion à coups irréguliers. On obtient les riches couleurs en passant des cires teintées sur la surface rugueuse, d'une manière uniforme, pour simuler l'aspect caractéristique du vrai cuir. L'effet étant imposant, les couleurs sombres sont à éviter sur les surfaces importantes, à moins que vous ne souhaitiez orner une bibliothèque ou un salon rempli d'objets d'art de lambris faux cuir ; aussi, faites des essais de couleur avant d'arrêter votre choix. À plus petite échelle, et dans d'autres coloris, la finition cuir s'adapte tout à fait aux intérieurs modernes et confère de la grandeur à tout ce qu'elle recouvre.

RECETTE DE BASE – BRUN

INGRÉDIENTS

Couche de fond ▸ 500 ml d'émulsion vinylique mate blanche / 4 cuil. à soupe de couleur acrylique Sienne naturelle
Cire ▸ 250 ml de cire pure / 2 cuil. à soupe de couleur à l'huile ombre brûlée

MATÉRIEL

2 seaux à peinture / 1 brosse ordinaire de 75 mm / 1 brosse à tableau plate de 25 mm / gants jetables / chiffons doux non pelucheux / papier de verre fin

INSTRUCTIONS

Couche de fond

1 Versez l'émulsion dans un seau. Ajoutez la Sienne naturelle et mélangez bien.

2 Chargez généreusement la brosse ordinaire de peinture et appliquez sur la surface préparée à petits coups irréguliers et circulaires, afin d'obtenir un effet texturé. Laissez sécher (6 h).

Cire

1 Mettez la cire dans l'autre seau. Ajoutez l'ombre brûlée et mélangez bien.

2 Avec la brosse plate, appliquez une couche uniforme sur toute la surface.

3 Mettez les gants. Avec un chiffon doux, frottez la cire sur la surface d'un geste circulaire, pour la faire pénétrer. Changez fréquemment de chiffon. Laissez sécher complètement (24 h).

Patine

Poncez légèrement la surface avec le papier de verre pour un effet plus usé.

Ci-dessus à gauche : les clous dorés ajoutent une note gothique à la finition cuir de ce cadre. Dans cette variante, la couche de fond a été colorée avec 2 cuil. à soupe de bleu de cobalt, et la cire avec 1 1/2 cuil. à soupe de bleu outremer.

❶ BRUN
Recette de base : ce coloris convient aux tables et paravents.

❷ ROUGE FONCÉ
Ce chaleureux coloris donnerait de l'allure à n'importe quelle pièce. La couche de fond est colorée avec 4 cuil. à soupe de rouge de cadmium, et la cire avec 2 1/2 cuil. à soupe de rouge de cadmium et 1/2 cuil. à soupe d'ombre brûlée.

❸ VERT FONCÉ
La couche de fond est colorée avec 3 cuil. à soupe de vert de vessie, la cire avec 3 cuil. à soupe de vert oxyde de chrome.

❹ NOIR
Ici, la couche de fond est colorée avec 3 cuil. à soupe de gris neutre, la cire avec 2 cuil. à soupe de noir de Mars.

BRONZE

Le bronzage est une technique ancienne utilisée en substitut ou en complément de la dorure (p. 180). La surface est enduite de mixtion et une fine poudre métallique, traditionnellement de l'or véritable, est déposée au pinceau ou soufflée pour produire un subtil aspect de bronze antique. Les poudres étant très fines et toxiques, il convient de porter un masque et de les manipuler avec soin. Elles sont généralement disponibles en or, bronze et cuivre, mais également en violet, vert ou rouge.

Le bronzage s'applique à toutes sortes de surfaces et transforme instantanément les vieux bibelots ou les objets d'occasion. Les chaises en métal et autres ornements de jardin s'y prêtent tout à fait, ainsi que les moulures et les statues de plâtre. C'est également un excellent moyen de décorer la laque (p. 170) et autres objets peints. Il suffit de masquer les parties que vous voulez protéger et d'appliquer la mixtion ainsi qu'il est indiqué. Les poudres ayant tendance à se disperser, ne les utilisez pas sur des objets fraîchement peints ou vernis.

RECETTE DE BASE – OR FONCÉ

INGRÉDIENTS

Couche de fond ▸ 250 ml de primaire à l'oxyde de fer rouge
Bronzage ▸ 250 ml de mixtion à dorer à l'eau / 75 g de poudre de bronze or foncé
Couche protectrice ▸ 250 ml de vernis au tampon ambre

MATÉRIEL

2 brosses ordinaires de 25 mm / masque protecteur / 1 brosse à tableau plate / 1 petite brosse à poils souples / chiffons doux / 1 brosse à vernis de 25 mm

❶ OR FONCÉ
Recette de base : pour un effet à la fois riche et raffiné.

❷ CUIVRE
Cette variante suit la recette de base, mais utilise de la poudre de bronze cuivre pour le bronzage et du vernis au tampon rouge pour la couche protectrice.

❶

❷

INSTRUCTIONS

PORTEZ TOUJOURS UN MASQUE ET TRAVAILLEZ DANS UN LIEU BIEN AÉRÉ

Couche de fond

Mélangez bien le primaire et, avec une brosse ordinaire, appliquez une couche uniforme (p. 34) sur la surface préparée. Laissez sécher (24 h).

Bronzage

1 Agitez ou mélangez la mixtion selon les instructions du fabricant. Appliquez une fine couche uniforme sur la couche

Bronzage d'une chaise en métal, selon une variante de la recette de base. Appliquez un antirouille et un primaire pour métal (p. 45), puis deux couches de primaire à l'huile noir prêt à l'emploi (250 ml chacune). Mélangez de la poudre de bronze or clair à la mixtion au moment du bronzage, puis passez une couche protectrice de vernis au tampon neutre. Ajoutez une couche finale de vernis polyuréthanne satiné pour une meilleure protection, et laissez sécher 24 heures.

de fond avec l'autre brosse ordinaire. Attendez qu'elle devienne collante et transparente (20-30 mn).

2 Mettez le masque. Avec la brosse à tableau, prenez un peu de poudre de bronze et passez-la soigneusement sur la surface. Recommencez jusqu'à ce que le fond soit presque entièrement recouvert.

3 Ôtez délicatement l'excès de poudre avec la brosse souple.

4 Polissez doucement avec des chiffons doux.

Couche protectrice

Avec la brosse à vernis, appliquez une couche de vernis sur la surface et laissez sécher (1 h).

DORURE

La feuille d'or véritable étant à la fois coûteuse et fragile, il est tentant de recourir aux substituts actuels (p. 26) tels que la feuille de métal, bon marché et facile d'utilisation, et les mixtions à dorer à l'eau ou à l'huile, efficaces et séchant plus rapidement que les produits traditionnels. Pour obtenir une surface lisse, on applique généralement un gesso teinté de rouge pour donner une bonne couleur de base à la feuille ; le gesso peut s'acheter prêt à l'emploi ou se préparer avec du blanc de Meudon et de l'adhésif vinylique. On peut également le remplacer par une couche de primaire à l'oxyde de fer rouge ou d'émulsion rouge foncé. La dorure embellit les moulures en plâtre, les cadres, les bougeoirs et une multitude d'ornements.

❶ PATINE CLASSIQUE
Cette feuille de plâtre est dorée à la feuille de métal, selon la méthode décrite dans la recette de base. Le glacis à patiner est gris.

❷ VIEIL OR
Le glacis à patiner de cette feuille est coloré avec 2 cuil. à soupe d'ocre jaune, mélangé à 1 cuil. à soupe d'or acra. Ce ton révèle la richesse de la feuille de métal et évoque l'or italien qui figure sur de nombreux tableaux religieux.

❶

❷

❸

❹

❸ OR PÂLE
Le fond est une émulsion vinylique mate vert foncé qui confère à l'or un ton plus fin. Le glacis à patiner est coloré avec 1 cuil. à soupe de bleu céruléum et 1 1/2 cuil. à soupe de blanc de titane.

❹ OR MODERNE
Ce glacis à patiner, coloré avec 2 cuil. à soupe de pourpre de dioxazine, est une façon plus contemporaine de traiter un objet doré.

RECETTE DE BASE – FEUILLE DE MÉTAL OR ET PATINE CLASSIQUE

INGRÉDIENTS

Couche de fond ▶ 250 ml de primaire à l'oxyde de fer rouge ou émulsion vinylique mate rouge foncé prête à l'emploi
Vernis d'apprêt ▶ 250 ml de mixtion à dorer à l'eau ou à l'huile (séchage rapide)
Dorure ▶ 12 feuilles de métal or
Patine supplémentaire facultative ▶ 2 cuil. à soupe d'alcool à brûler
Couche protectrice ▶ 250 ml de gomme-laque ambre
Glacis à patiner ▶ 2 cuil. à soupe d'émulsion vinylique satinée blanche / 1/2 cuil. à soupe de couleur acrylique gris neutre / 1/2 cuil. à soupe d'ocre jaune / 2 cuil. à soupe d'eau

MATÉRIEL

3 brosses à émulsion de 25 mm / boîte ou grand bol / gants jetables / 1 brosse ronde à poils très souples de 25 mm / chiffons (dont 2 doux) / laine d'acier (facultatif) / 1 brosse à vernis de 25 mm / 1 seau à peinture

INSTRUCTIONS

Couche de fond

Mélangez bien le primaire (ou l'émulsion) et, avec une brosse à émulsion, appliquez une couche uniforme (p. 34) sur la surface préparée. Laissez sécher (2-3 h)

Vernis d'apprêt

Agitez ou mélangez la mixtion, selon les instructions du fabricant. Avec une autre brosse à émulsion, appliquez une couche mince mais uniforme sur toute la surface. Ne chargez pas trop la brosse pour laisser aussi peu de bulles que possible sur la surface. Laissez sécher 20-30 mn, jusqu'à ce que la mixtion devienne transparente et collante.

Dorure

1 Placez la boîte (ou le bol) sur votre plan de travail et gardez les feuilles de métal à portée de main. Mettez les gants.
2 Tenez l'objet au-dessus de la boîte pour pouvoir récupérer les fragments de feuille. Déposez délicatement chaque feuille sur la surface. Recouvrez l'objet ou, pour un effet patiné, laissez le primaire transparaître çà et là.
3 Époussetez légèrement avec la brosse ronde, au-dessus de la boîte. Les petits fragments serviront à couvrir les parties nues, les plus grands à d'autres travaux.
4 Polissez délicatement la surface avec un chiffon doux jusqu'à ce qu'elle soit lisse et brillante. Ne frottez pas trop fort pour ne pas ôter la pellicule.

Couche protectrice

Avec la brosse à vernis, appliquez une couche mince mais uniforme de gomme-laque sur la surface pour intensifier la couleur et empêcher la feuille de métal de s'oxyder. Laissez sécher (45 mn).

Glacis à patiner

1 Versez l'émulsion dans le seau, ajoutez le gris neutre et

l'ocre jaune. Mélangez soigneusement et ajoutez l'eau (peu à peu), en continuant à mélanger.

2 Avec la troisième brosse à émulsion, tamponnez toute la surface de glacis puis essuyez-le rapidement avec des chiffons pour qu'il ne reste que sur les détails.

3 Polissez la dorure sur les parties rehaussées avec l'autre chiffon doux. Laissez sécher le reste du glacis (30 mn).

Note Vous pouvez accentuer l'effet de patine en ôtant la dorure par endroit : poncez à la laine d'acier trempée dans de l'alcool à brûler avant d'appliquer la couche protectrice.

Une variante de dorure (voir aussi p. 45) a transformé ce bac de jardin galvanisé en un objet insolite et charmant. Près de 20 feuilles de métal or ont été appliquées et protégées par de la gomme-laque ambre. Le glacis à patiner a été coloré avec 4 cuil. à soupe de bleu céruléum.

VARIANTE – FEUILLE BRISÉE OR

❺ FEUILLE BRISÉE OR
Suivez la recette pour le fond, le vernis d'apprêt et la dorure. Vous aurez besoin d'environ 100 g de feuille brisée. Appliquez un vernis au tampon ambre dilué (170 ml de vernis pour 80 ml d'alcool à brûler) avec une brosse ordinaire de 50 mm. Laissez sécher (30 mn).

❺

Comme leur nom l'indique, les feuilles brisées se composent de chutes et de fragments de feuille de métal. Disponibles en or et aluminium (ci-dessous), elles sont vendues au poids et sont moins chères que les feuilles entières. L'application, beaucoup plus longue, requiert une certaine dose de patience, mais donne un aspect plus usé et patiné car elle révèle davantage la couche de fond. Il est inutile de passer un glacis à patiner.

VARIANTE – FEUILLE DE CUIVRE

❻ FEUILLE DE CUIVRE
Appliquez le fond, le vernis d'apprêt, la dorure puis 250 ml de vernis acrylique satiné incolore, (après 1 h de séchage) une couche de patine bleue (2 cuil. à soupe d'émulsion vinylique mate blanche, 1/2 cuil. à soupe de gris neutre, 1 cuil. à soupe rase de bleu outremer et 2 cuil. à soupe d'eau).

Bien que la feuille de métal cuivre donne un aspect moins riche que la feuille d'or, l'effet final reste théâtral. Elle s'intègre bien aux intérieurs contemporains, notamment lorsque des objets d'art voisinent avec des collections ethniques originales. Si vous avez le goût de l'insolite, vous pouvez essayer divers vernis au tampon colorés pour la couche protectrice (voyez l'exemple 5 pour les proportions). J'utilise parfois du rouge vif pour créer un effet très moderne.

❻

VARIANTE – FEUILLE D'ALUMINIUM

❼ FEUILLE D'ALUMINIUM
Le procédé et les quantités sont ceux de la recette, mais on a utilisé une émulsion vinylique mate bleue prête à l'emploi pour la couche de fond. Remplacez la gomme-laque par un vernis acrylique transparent, et omettez l'ocre jaune dans le glacis à patiner.

❼

La feuille de métal aluminium donne un effet argenté. Comme la feuille de cuivre, elle convient particulièrement aux intérieurs modernes. Une émulsion vinylique mate bleue ou verte prête à l'emploi remplace alors le primaire à l'oxyde de fer rouge (ou l'émulsion rouge foncé) de la couche de fond, car elle se marie mieux à l'argent. Dans l'exemple ci-contre, j'ai utilisé un bleu moyen, mais pour un effet moderne, essayez des tons plus foncés dans l'une ou l'autre couleur.

POCHOIR

Le pochoir est un bon moyen de dissimuler les inégalités d'un mur ; il s'allie très bien à une finition peinte et décore joliment les meubles simples. Les boutiques spécialisées et les magasins de bricolage vendent des pochoirs prêts à l'emploi, mais vous pouvez créer vos propres motifs. Feuilletez les livres de décoration ou inspirez-vous de votre propre intérieur : papiers peints, tapis et carreaux sont autant de sources d'idées. Commencez par des dessins simples pour faire vos premières armes, puis laissez libre cours à votre imagination.

RECETTE DE BASE – FEUILLE BLOOMSBURY VERT MENTHE ET BLEU

INGRÉDIENTS

Couche de fond ▶ 1 litre d'émulsion vinylique mate blanche / 1 cuil. à soupe de couleur acrylique ombre naturelle / 1 cuil. à soupe d'ocre jaune
Première couleur ▶ 250 ml d'émulsion vinylique mate blanche / 2 cuil. à soupe de couleur acrylique bleu-vert éclatant / 1 cuil. à soupe de vert vif
Deuxième couleur ▶ 250 ml d'émulsion vinylique mate blanche / 2 cuil. à soupe de couleur acrylique bleu de cobalt / 1/2 cuil. à soupe de gris neutre
Couches protectrices facultatives ▶ 700 ml de vernis acrylique mat incolore (2 couches)

MATÉRIEL

Photocopieuse (facultatif) / crayons (1 tendre, 1 dur) / papier-calque / règle / pochoir (papier bulle huilé ou carton enduit) / feutre noir fin / planche de coupe ou carton épais / cutter / 3 seaux à peinture / 1 brosse à émulsion de 50 mm / ruban de masquage / chiffon / 2 petits pots à peinture / 2 brosses à pochoir / 1 brosse à vernis de 50 mm (facultatif)

INSTRUCTIONS

Préparation du pochoir

1 Photocopiez le motif ci-contre, en l'agrandissant à la taille voulue. Vous pouvez aussi copier le dessin à main levée ou le décalquer, puis dessiner une grille par-dessus le motif pour le copier à l'échelle, et l'agrandir.
2 Décalquez le motif agrandi sur du papier-calque et retournez celui-ci sur un morceau de pochoir suffisamment grand pour laisser une bordure de 10 cm autour du motif.
3 Passez un crayon tendre sur l'envers des lignes tracées de façon à transférer le dessin sur le pochoir.
4 Ôtez le papier-calque et, avec un crayon plus dur, repassez légèrement sur les lignes. Retracez les lignes avec le feutre noir.
5 Découpez le pochoir au cutter sur la planche (ou le carton épais).
6 Égalisez les bordures avec la règle et le cutter.

Couche de fond

1 Versez l'émulsion dans un seau. Ajoutez l'ombre naturelle, l'ocre jaune, et mélangez bien.
2 Avec la brosse à émulsion, appliquez uniformément (p. 34) sur la surface préparée, et laissez sécher (2-3 h).

Le motif de la feuille Bloomsbury a été agrandi puis disposé sur les murs, les meubles et un porte-magazines en Isorel. Pour réaliser une bordure, placez le premier motif et marquez le bord du carton ; cela vous servira de repère pour placer le deuxième motif ; procédez de même pour les suivants. Teintes utilisées : couche de fond : 6 cuil. à soupe de jaune de cadmium ; première couleur : 2 cuil. à soupe d'oxyde rouge et 1 cuil. à soupe de rouge de cadmium ; deuxième couleur : 2 cuil. à soupe de bleu de cobalt et 1 cuil. à soupe de turquoise clair.

Première couleur

1 Placez le pochoir sur la couche de fond, en faisant de légères marques au crayon pour vous aider, si nécessaire. Fixez-le avec de petits bouts de ruban de masquage (dont vous aurez réduit l'effet collant en l'appliquant sur un chiffon, pour éviter d'arracher la peinture du mur).

2 Versez l'émulsion dans un autre seau. Ajoutez le bleu-vert éclatant, le vert vif, et mélangez bien.

3 Versez un peu de peinture dans un petit pot : il est plus facile de travailler par petites quantités. Trempez l'extrémité d'une brosse à pochoir dans la peinture (5 mm suffisent). Ne surchargez pas votre brosse car la peinture s'infiltrerait sous le pochoir. En tamponnant légèrement, pochez la peinture dans les parties évidées (un bord de feuille et la veine

❶ VERT MENTHE ET BLEU
Coloris de la recette de base.

❷ ROSE ET LILAS
Ici, le fond est coloré avec 4 cuil. à soupe de rose clair pour portrait ; la première couleur avec 2 cuil. à soupe de rose clair pour portrait et 1/2 cuil. à soupe de rouge de cadmium ; la deuxième couleur avec 2 cuil. à soupe de violet pâle.

centrale). Débordez légèrement sur le carton pour être sûr que toute la surface est couverte.

Application de la première couleur (voir p. 185 en haut pour le coloris).

Deuxième couleur

1 Versez l'émulsion dans un autre seau. Ajoutez les couleurs et mélangez bien.

2 Versez un peu de peinture dans l'autre petit pot. En suivant la même méthode, appliquez la deuxième couleur sur l'autre bord de la feuille. Retirez le ruban de masquage et ôtez délicatement le pochoir de la surface. Laissez sécher (30 mn).

Note Pour une meilleure protection, appliquez deux couches de vernis acrylique mat uniquement sur le pochoir. Laissez sécher chaque couche 2-3 h.

VARIANTE – POCHOIR À LA FEUILLE DE MÉTAL

Cette technique simple de pochoir convient tout à fait à la dorure (pp. 26 et 180). Fixez le pochoir au ruban de masquage sur la surface préparée et peinte, puis passez une fine couche uniforme de mixtion à dorer à l'eau sur les parties évidées avec une brosse à tableau plate de 12 mm. (Agitez ou mélangez la mixtion avant utilisation, selon les instructions du fabricant, et ne chargez pas trop la brosse afin d'éviter la formation de bulles.) Laissez sécher jusqu'à ce qu'elle devienne transparente (20-30 mn) et retirez doucement le pochoir.

Mettez des gants protecteurs et déposez délicatement une feuille de métal or sur la partie enduite. Retirez doucement l'or en excès avec une brosse à poils très souples : placez une grande boîte sous la brosse, afin de pouvoir récupérer les fragments. Polissez la feuille avec un chiffon doux et replacez soigneusement le pochoir en le fixant avec du ruban de masquage. Appliquez une fine couche de gomme-laque ambre sur la feuille, avec une autre brosse à tableau plate. Retirez le pochoir et laissez sécher (30 mn).

❸ POCHOIR FEUILLE D'ARGENT
Pour réaliser 25 couronnes (10 cm), j'ai utilisé 20 feuilles de métal et 200 ml de mixtion à l'eau. Les couronnes ont été enduites de 200 ml de vernis acrylique, qui a séché 30 mn. La couche de fond est appliquée à l'éponge : colorez 1 litre d'émulsion vinylique mate blanche avec 2 cuil. à soupe de couleur acrylique oxyde rouge et 1 cuil. à soupe de Sienne naturelle.

❹ POCHOIR FEUILLE DE CUIVRE
Les feuilles de cuivre sont appliquées et enduites selon la méthode ci-dessus. Ici, le fond est bleu (exemple 5 ci-contre).

❸

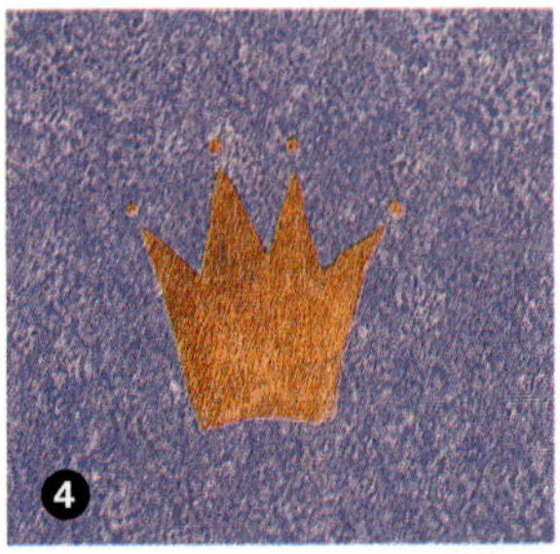
❹

❺ POCHOIR ÉPONGE ET FEUILLE D'OR
Utilisez un gabarit carré (20 x 20 cm) pour le damier. Passez la première couleur à l'éponge. Laissez sécher 2-3 heures, puis appliquez l'autre couleur.
Bleu : 2 cuil. à soupe de bleu de cobalt et 1 cuil. à soupe de gris neutre dans 500 ml d'émulsion vinylique mate blanche. Ocre doux : 2 cuil. à soupe d'ocre jaune et 1 cuil. à soupe de Sienne naturelle dans 500 ml d'émulsion vinylique mate blanche.
Pour les couronnes, voyez l'exemple 3.

TAMPON DE CAOUTCHOUC

Le même effet, ou presque, peut être obtenu plus simplement avec un tampon en caoutchouc et de la peinture dorée. De nombreuses imprimeries fabriquent des tampons à la demande, et si elles ne vous fournissent pas de rouleau, vous en trouverez dans les boutiques spécialisées. Versez un peu de peinture dorée dans une soucoupe et passez-y le rouleau, de façon à ce qu'il soit totalement recouvert. Enduisez ensuite le tampon de peinture et posez-le sur la surface préparée et peinte, en le pressant en avant et en arrière : le tampon étant légèrement bombé, ce mouvement est essentiel pour obtenir une parfaite impression. Soulevez le tampon avec soin et laissez sécher (30 mn).

Roulez la peinture dorée sur le tampon. Au préalable, passez bien le rouleau dans la peinture pour que la surface soit entièrement recouverte.

❻ TAMPON OR
Peinture dorée sur fond ocre (voir ci-dessus) : l'impression qui en résulte est plus régulière mais moins riche que le pochoir à la feuille d'or.

❼ TAMPON BLEU
Une peinture bleue (voir exemple 5) a été utilisée pour cette impression. Là encore, le fond est un ocre doux.

INDEX

INDEX

REMERCIEMENTS

REMERCIEMENTS DE L'AUTEUR

J'aimerais tout d'abord remercier Mark pour la réalisation des accessoires et décors, pour ses techniques de patine de haute qualité et pour tout son travail. Cet ouvrage n'aurait jamais vu le jour sans lui. Un grand merci également à Lord et Lady Cobbold ; leurs encouragements et l'inspiration trouvée à Knebworth House m'ont aidée à tourner une page de ma vie. Merci à Gabi Tubbs pour avoir cru en moi, à Quadrille, Patrick McLeavey et Jo Brewer pour leur soutien, à Mary Davies et ses prouesses (j'attends beaucoup d'elle dans le service des effets de peinture), et à Debbie Patterson et Linda Burgess pour leurs superbes photographies. Merci également à Bob, Maurice et Sam, et à tout le personnel de Courier Cars pour leurs performances extraordinaires ; à John de Scumble Goosie pour son beau travail et pour le porte-magazines ; ainsi qu'à toute l'équipe de Plasterworks. Enfin, je tiens à remercier tous ceux que je n'ai pas mentionnés et qui ont contribué à la réalisation de cet ouvrage.

CRÉDITS PHOTOGRAPHIQUES

L'éditeur voudrait remercier les photographes et organismes dont les noms suivent pour lui avoir permis de reproduire les photographies de cet ouvrage :

2 Pascal Chevallier/*Agence Top*/maison de Michel Klein, Provence ; 4 David George/*Elizabeth Whiting & Associates* ; 5 Debbie Patterson ; 6 Simon McBride/*Country Living Magazine* ; 7 Ianthe Ruthven (Charleston Farm House) ; 8 en haut Pascal Chevallier/*Agence Top*/maison de Michel Klein, Provence ; 8 en bas Simon McBride ; 9 Paul Ryan/*International Interiors* ; 10 James Merrell/*Country Living Magazine* ; 11 en haut James Mortimer (designer : Christopher Gollut)/*The Interior Archive* ; 11 en bas Tim Street-Porter (designers : Brett Landenberger et Scott Waterman) ; 12-13 Debbie Patterson ; 48-49 Trevor Richards/*Homes & Gardens*/*Robert Harding Syndication* ; 50 en haut Hugh Johnson/*Country Living Magazine* ; 50 en bas Tim Street-Porter/*Elizabeth Whiting & Associates* ; 51 en haut Christopher Simon-Sykes (artiste : Celia Lyttleton)/*The Interior Archive* ; 51 en bas Simon Brown/*The Interior Archive* ; 52 *Elizabeth Whiting & Associates* ; 54 Debbie Patterson ; 55 Mick Hales ; 61 Tim Beddow/*Country Living Magazine* ; 66-67 en haut Pascal Chevallier/*Agence Top*/maison de Michel Klein, Provence ; 66 en bas Simon Brown/*The Interior Archive* ; 67 en haut à droite David Phelps/Courtesy – *American Home Style Magazine* (designer : Michael Berman) ; 67 en bas Ingalill Snitt ; 70 Christopher Simon-Sykes (artiste : Celia Lyttleton)/*The Interior Archive* ; 74 Simon Brown (designer : Christopher Gollut)/*The Interior Archive* ; 79 Trevor Richards/*Abode* ; 83 Ian Parry/*Abode* ; 86 en haut à gauche Ingalill Snitt ; 86 en haut à droite James Mortimer/*The Interior Archive* ; 86 en bas Christopher Simon-Sykes (artiste : Celia Lyttelton)/*The Interior Archive* ; 87 Pascal Chevallier/*Agence Top*/maison de Michel Klein, Provence ; 90 Tim Beddow/*Country Living Magazine* ; 92 Tim Street-Porter (designer : Michael Anderson) ; 95 Jan Baldwin/*Homes & Gardens*/*Robert Harding Syndication* ; 99 Simon Brown/*The Interior Archive* ; 100 Richard Bryant (Villa Costa Careyes, entre Puerto Vallarta et Nanzamillo sur l'océan Pacifique mexicain)/*Arcaid* ; 102 en haut Simon Brown/*Country Homes & Interiors*/*Robert Harding Syndication* ; 102 en bas Gilles de Chabaneix (styliste : Rozensztroch)/*Marie Claire Maison* ; 103 en haut Mick Hales ; 103 en bas Ianthe Ruthven ; 104 Debbie Patterson ; 114 Trevor Richards/*Homes & Gardens*/*Robert Harding Syndication* ; 120-121 Debbie Patterson ; 123 Simon Brown/*The Interior Archive* ; 125 Simon Brown (François Gilles)/*The Interior Archive* ; 126-127 en haut Simon McBride ; 126 en bas Neil Lorimer/*Elizabeth Whiting & Associates* ; 127 en haut à droite Ingalill Snitt ; 127 en bas Simon McBride ; 128 Debbie Patterson ; 131 David George/*Elizabeth Whiting & Associates* ; 133 David George/*Elizabeth Whiting & Associates* ; 134 Paul Ryan (Shinbach)/*International Interiors* ; 136 Debbie Patterson ; 140 en haut David Parmiter (designer : Martin Bass) ; 140 en bas Christopher Drake/*Country Homes & Interiors*/*Robert Harding Syndication* ; 141 en haut Richard Bryant (Charleston Farm House)/*Arcaid* ; 141 en bas David George/*Elizabeth Whiting & Associates* ; 144 Ken Kirkwood (Penhow Castle, Gwent)/*Arcaid* ; 149-150 Debbie Patterson ; 155 Debbie Patterson ; 156 en haut F. Nüttgens/Brigitte/*Camera Press* ; 156 en bas Di Lewis/*Elizabeth Whiting & Associates* ; 157 en haut Fritz von der Schulenberg/*Country Homes & Interiors*/*Robert Harding Syndication* ; 157 en bas Gian Carlo Gardin ; 159 Debbie Patterson ; 161 Paul Ryan/*International Interiors* ; 163 Linda Burgess ; 165 Debbie Patterson ; 167 Debbie Patterson ; 168 en haut Tim Street-Porter (décorateur : Tom Beeton) ; 168 en bas Huntley Hedworth/*Country Living Magazine* ; 169 en haut Spike Powell/*Country Living Magazine* ; 169 en bas Simon Brown/*The Interior Archive* ; 170 Christopher Drake/*Homes & Gardens*/*Robert Harding Syndication* ; 172 Andreas von Einseidel/*Elizabeth Whiting & Associates* ; 175 Debbie Patterson ; 179 Debbie Patterson ; 182 Debbie Patterson ; 185 en haut Simon Lee/*Country Living Magazine* ; 186 en haut Simon Lee/*Country Living Magazine*.

Photographies spéciales d'exemples de peinture, matériaux et matériel de Patrick McLeavey. Les illustrations « échelle » sont de Clive Goodyer, et les illustrations de la page 39 de Caroline Della Porta.